essentials

essentials liefern aktuelles Wissen in konzentrierter Form. Die Essenz dessen, worauf es als „State-of-the-Art" in der gegenwärtigen Fachdiskussion oder in der Praxis ankommt. *essentials* informieren schnell, unkompliziert und verständlich

- als Einführung in ein aktuelles Thema aus Ihrem Fachgebiet
- als Einstieg in ein für Sie noch unbekanntes Themenfeld
- als Einblick, um zum Thema mitreden zu können

Die Bücher in elektronischer und gedruckter Form bringen das Expertenwissen von Springer-Fachautoren kompakt zur Darstellung. Sie sind besonders für die Nutzung als eBook auf Tablet-PCs, eBook-Readern und Smartphones geeignet. *essentials:* Wissensbausteine aus den Wirtschafts-, Sozial- und Geisteswissenschaften, aus Technik und Naturwissenschaften sowie aus Medizin, Psychologie und Gesundheitsberufen. Von renommierten Autoren aller Springer-Verlagsmarken.

Weitere Bände in dieser Reihe http://www.springer.com/series/13088

Hans-Jürgen Arlt

Arbeit und Freiheit

Eine Paradoxie der Moderne

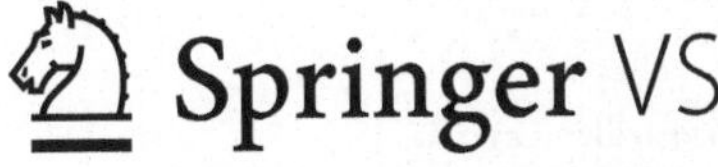

Prof. Dr. Hans-Jürgen Arlt
Universität der Künste
Berlin, Deutschland

ISSN 2197-6708   ISSN 2197-6716 (electronic)
essentials
ISBN 978-3-658-15285-7   ISBN 978-3-658-15286-4 (eBook)
DOI 10.1007/978-3-658-15286-4

Die Deutsche Nationalbibliothek verzeichnet diese Publikation in der Deutschen National-
bibliografie; detaillierte bibliografische Daten sind im Internet über http://dnb.d-nb.de abrufbar.

Springer VS

Gedruckt auf säurefreiem und chlorfrei gebleichtem Papier

Springer VS ist Teil von Springer Nature
Die eingetragene Gesellschaft ist Springer Fachmedien Wiesbaden GmbH

Was Sie in diesem *essential* finden können

- Das Offenlegen der Grundstrukturen der Arbeitsgesellschaft
- Den Nachweis der Bruderschaft von Kapitalismus und realem Sozialismus
- Begründete Zweifel am strategischen Konzept „Gute Arbeit"
- Eine Kritik kapitalistischer und individualistischer Arbeitsformen
- Ein Szenario, das die Kollektivität der Arbeit mit Freiheiten ihrer Akteure versöhnt

Vorwort

Die Potenziale des Computers als Technik und als Medium laden dazu ein, anders zu arbeiten und etwas anderes zu machen als zu arbeiten, aber die Wirtschaft versucht, der Digitalisierung die Fesseln ihrer alten Strukturen anzulegen. Die moderne Gesellschaft feiert und verteidigt Freiheit als ihren höchsten Wert, stellt aber mit der Arbeitstätigkeit eine Lebenspraxis in ihr Zentrum, die in der Regel unfreiwillig und fremd bestimmt ausgeübt wird. Dieses Paradox nimmt der Essay zum Anlass zu reflektieren, wie die Moderne in die Arbeitsgesellschaft hineingeriet und wie sie herauskommen kann.

In ihrer *einfachen* Form drückt sich Freiheit darin aus, über Ja und Nein, über Annahme und Ablehnung entscheiden zu können. Die gegebenen Möglichkeiten werden dabei als unveränderliche Voraussetzung genommen. In ihrer *potenzierten* Form zielt Freiheit darauf, die Optionen zu erweitern, die Möglichkeiten zu vermehren oder durch neue, bessere zu ersetzen. Das Angebot an Produkten und Diensten zu vergrößern, angeblich oder tatsächlich zu verbessern und dabei den Menschen auf dem Markt die Wahl zwischen Annahme und Ablehnung zu lassen, ist ein Merkmal des modernen Wirtschaftssystems. So gesehen und so beschrieben, realisiert sich in der Wirtschaft Freiheit. Auf der anderen Seite herrscht in den Organisationen ein Verbotsregime, das regelt, was während der Arbeitszeit nicht gemacht werden darf – alles außer dieser einen Arbeitstätigkeit.

Kapitalistisch und individualistisch dominierte Arbeitsweisen produzieren riesige Reichtümer zusammen mit Armut und Ungerechtigkeit, Konsumwahn und Umweltzerstörung. Der Eindruck, es gebe keine Alternative zum real existierenden Wirtschaftssystem, ist Folge des Mangels an Ideen, wie seine willkommenen Freiheitsdimensionen ohne diese negativen Folgen zu gewährleisten sind. Arbeit findet als kollektiver Prozess oder gar nicht statt. Die unabdingbare Kollektivität der Arbeit wird in der Moderne dank der durchgesetzten Freiheitsrechte in der Form organisationaler und personaler Entscheidungen vollzogen, gerahmt von einer politischen Ordnung. Dabei tritt der gesellschaftliche Charakter der Arbeit, ihre Netzwerkqualität, bis zur Unsichtbarkeit in den Hintergrund. In einer polemischen Wendung könnte man es bürgerliche Ideologie nennen, alle Beachtung den Knoten zu schenken und den Verbindungen dazwischen keine, nur die Freiheit der Entscheider zu sehen, nicht die vielfältigen Abhängigkeiten der Entscheidungen. Das sozialistische Gegenprogramm schlussfolgerte, dass eine so wichtige gesellschaftliche Praxis wie die Arbeit nicht den Entscheidungen einzelner Organisationen und Personen überlassen werden dürfe, sondern von einer gesamtgesellschaftlichen Instanz über kollektiv verbindliche Entscheidungen geregelt werden müsse – die Arbeit wurde verstaatlicht und so die Wirtschaft gefesselt. Weshalb soll es nicht möglich sein, Entscheidungen über die Arbeit im Rahmen einer politischen Ordnung bei Organisationen und Personen zu belassen, aber dafür Sorge zu tragen, dass die Gesellschaftlichkeit der Arbeit, die Vielfalt ihrer Voraussetzungen und Folgen, in allen diesen Entscheidungen gesehen, anerkannt und besser berücksichtigt wird?

Um sich mit dieser Frage auseinander zu setzen, widmet sich das erste Kapital der Freiheit als Recht und Vermögen. Im zweiten Kapitel wird eine funktionale Struktur der Arbeit vorgestellt. Das dritte Kapitel rekonstruiert, nicht als Geschichtsschreibung, sondern gesellschaftstheoretisch, die Herausbildung der Arbeitsgesellschaft als einer Zangenbewegung aus Kapitalisierung und Individualisierung. Abschließend fragt das vierte Kapitel nach Wegen der Befreiung aus dem Zangengriff und sucht Alternativen in und zu der Arbeitsgesellschaft.[1]

Berlin, Deutschland   Hans-Jürgen Arlt

---

[1]Für die kritische Lektüre einer Manuskriptversion danke ich Fabian Arlt, Andreas Galling-Stiehler, Hartwig Gerecke, Lorenz Lorenz-Meyer, Jürgen Schulz und Wolfgang Storz.

Inhaltsverzeichnis

Freiheit als Recht und Vermögen 1

Wenn man die moderne, im 18. Jahrhundert in Europa und Nordamerika sich etablierende Gesellschaft mit einem einzigen Wort charakterisieren soll, dann gibt es dafür nur eine Kandidatin. Als Eigenschaftswort und als Hauptwort haben „frei" und „Freiheit" für die Moderne den höchsten Stellenwert, dicht gefolgt von Unabhängigkeit und Autonomie, Selbstbestimmung und Selbstverantwortung. Die Freiheit, die hier gemeint ist, bezieht sich zum einen auf die handelnden Akteure, die Personen und Organisationen. Sie schlägt sich beispielsweise nieder in Informations-, Meinungs- und Koalitionsfreiheit, in der Freiheit der Wahl der Religion, des Partners, des Wohnsitzes, des Berufes, des Gewerbes. Zum anderen bezieht sie sich auf die einzelnen gesellschaftlichen Leistungsfelder (Funktionssysteme), wo sie sich zum Beispiel als Freiheit der Wissenschaft und der Wirtschaft, als Autonomie des Rechts, als Unabhängigkeit der Kunst und der Öffentlichkeit geltend macht. Die Frage, „wie ist Gesellschaft möglich", wenn Freiheiten der Akteure und Autonomie der Funktionssysteme sich entfalten, hat Georg Simmel (1908, S. 22–30) zu Beginn des 20. Jahrhunderts formuliert. Sie hat die Sozialwissenschaften seither nicht mehr losgelassen.

Die Handlungsweise der Freiheit ist die Entscheidung. Sie kann als willkommene Möglichkeit, aber auch als zugemutete Notwendigkeit erlebt werden. In ihrer einfachen Form drückt sich Freiheit darin aus, über Ja und Nein, über Annahme und Ablehnung vorgegebener Möglichkeiten entscheiden zu können. In ihrer potenzierten Form zielt Freiheit darauf, die vorhandenen Möglichkeiten zu erweitern, die Optionen zu vermehren. „Handle stets so, dass die Anzahl der Wahlmöglichkeiten größer wird!" (Foerster 1993, S. 49). Heinz von Foerster hat mit seinem „ethischen Imperativ" wohl nicht zuerst an Geld gedacht. Trotzdem wird sich zeigen, dass Zahlungsfähigkeit wie ein Passepartout für das Öffnen neuer Möglichkeitsräume wirkt – sobald und solange die Ökonomisierung der Gesellschaft als unabänderlicher Prozess betrieben und hingenommen wird.

© Springer Fachmedien Wiesbaden 2017 1
H. Arlt, *Arbeit und Freiheit,* essentials,
DOI 10.1007/978-3-658-15286-4_1

1.1   Folgenschwerer Unterschied zwischen Demokratie und Markt

Freiheit als Recht zu wählen, betrifft die Entscheidung für eine Option, umfasst aber nicht die realisierte Option. Dass Wahlmöglichkeit und Realisierungschance auseinander fallen können, gehört zu den großen gesellschaftspolitischen Streitthemen der Arbeitsgesellschaft. Rechtliche Möglichkeit und wirkliches (keineswegs nur finanzielles) Vermögen können zwei sehr verschiedene Dinge sein. Eine Entscheidung zu verwirklichen, setzt in der Regel sehr viel mehr voraus als die gesellschaftliche Anerkennung der Möglichkeit, sie zu treffen. Aber mit dieser formalen Möglichkeit fängt alles an. Reisefreiheit schließt den freien Zugang zu Verkehrsmitteln nicht ein. Dadurch wird sie jedoch nicht irrelevant. Offenkundig ungleich verteilte Chancen, Freiheiten zu nutzen, werfen allerdings irgendwann die Gerechtigkeitsfrage auf. Im vorherrschenden Alltagsverständnis wird das Vermögen, Freiheiten zu realisieren, als nachrangig eingestuft und in den Bereich der Eigenverantwortung ausgelagert; weitaus wichtiger genommen wird die gesellschaftliche Garantie der rechtlich verbrieften Möglichkeit sich zu entscheiden.

Entscheidungen wirken sich in fast allen Fällen auch auf Andere aus. Das trifft auf *individuelle* Entscheidungen zu, des Partners, der Kundin, des Wählers, und es gilt für Organisationsentscheidungen. Ganz offen treten die Folgen für Andere bei der *kollektiv verbindlichen* Entscheidung hervor. Die Form der kollektiv verbindlichen Entscheidung, die mit Freiheit vereinbar ist, heißt Demokratie: „Freedom and Democracy". Sie betrifft das gleiche Recht (mit) zu entscheiden. Unter den Variationen der Demokratie sind die beiden Grundformen die direkte, bei der alle mitentscheiden, und die repräsentative, bei der Personen von allen gewählt werden, die dann für alle entscheiden.

Es hat sich im Alltag der modernen Gesellschaft ein Verständnis von Freiheit durchgesetzt, dass es als zweitrangig ansieht, wie ihr Gebrauch durch die Einen auf die jeweils Anderen wirkt. Wichtiger genommen wird, dass Ego, sei es eine Person, sei es eine Organisation, entscheiden darf: die Auswirkungen auf Andere sind das Problem der Anderen. Über Verantwortung muss deshalb so viel geredet werden, weil sozialer Kern dieser Grundhaltung Verantwortungslosigkeit ist. Der Markt weist genau diese Struktur auf. Die Freiheit des Marktes betrifft, anders als demokratische Entscheidungen, nicht nur das Recht zu entscheiden, sondern auch das Vermögen, die Entscheidung zu realisieren. Das Recht, in Fünfsternehotels zu nächtigen statt unter Brücken, gilt für alle. Indem der Markt ungleich Vermögende gleich behandelt, fördert er Ungleichheit. Vorherrschend ist ein asymmetrischer Freiheitsbegriff mit einer Drift hin zum Recht der Stärkeren, ob

Organisation oder Person. Als Folge tritt eine doppelte Beschwerde auf: Es wird verlangt, die Freiheiten der Stärkeren zu begrenzen; zugleich sehen diese sich in ihren Freiheiten zu sehr eingeschränkt.

Für das Prozessieren der Problematik, dass die freie Entscheidung der Einen Abhängigkeiten der Anderen erzeugt, hat die Arbeitsgesellschaft eine interessante Struktur gefunden. Der Begriff der Arbeitsgesellschaft, das sei vorweggenommen, wird erst erfasst, wenn die Arbeitsleistungen mit dem Kauf- und Konsumverhalten zusammen gesehen werden. Freiheiten und Abhängigkeiten konzentrieren sich an zwei verschiedenen sozialen Orten. Die freien Entscheidungen finden öffentlich auf Märkten statt. Die Abhängigkeiten werden hinter den verschlossenen Türen der Organisationen angesiedelt. Wird an der Marktwirtschaft der Markt kritisiert, entsteht der Eindruck von Freiheitsraub, fast als wolle man die politische Demokratie abschaffen; es scheinen nur Abhängigkeiten übrig zu bleiben. Die Selbstbeschreibungen der modernen Gesellschaft lesen sich im Wesentlichen als eine Weiß-Schwarz-Malerei, welche entweder das befreite, selbstbestimmte Subjekt zeigt oder den Insassen eines „Freiluftgefängnisses" (Adorno 1976, S. 25), eines „stahlharten Gehäuses" (Weber 1988, S. 203). Schärfer noch als die Moderne durchzog ein solcher Bruch die griechische Antike. Die freien Bürger der Polis, die auf der Agora Demokratie praktizieren, sind die „Oikosdespoten" (Habermas 1990, S. 56), unter ihrer Herrschaft verrichten Sklaven und Frauen die Arbeitsleistungen.

1.2   Zu viel und zu wenig Freiheit

Vernachlässigt werden im modernen Freiheitsverständnis darüber hinaus die Abhängigkeiten zwischen den einzelnen gesellschaftlichen Leistungsfeldern; betont wird stattdessen deren Autonomie insbesondere gegenüber politischen Eingriffen. Auch hier gibt es Klagen über zu viel und wenig Freiheit. Einerseits lautet der Vorwurf, dass es in den einzelnen Funktionssystemen zu schädlichen Auswüchsen komme und in der Folge zu krisenhaften Zuspitzungen, zu Krisen des Finanz-, des Wirtschafts-, des Bildungs-, des Gesundheits-, des Politik-, des Mediensystems. Lösungen für Probleme und Krisen werden von der Politik erwartet, also von demselben politischen System, dessen Nicht-Einmischung in die Autonomie anderer gesellschaftlicher Leistungsfelder gerade ein wesentliches Strukturmerkmal der Moderne bildet. Andererseits erscheint die Freiheit der Wirtschaft, der Wissenschaft, der Öffentlichkeit etc. als zu eingeschränkt; zumindest verlautet aus deren Reihen regelmäßig, dass ihr Handlungspotenzial das tatsächlich Erlaubte weit übersteige, dass sie viel mehr könnten, wenn sie dürften. „Was alles kann im Namen passionierter Liebe, wertfreier Wahrheitssuche, politischer Demokratie, wirtschaftlicher Profitmaximierung, im Interesse hygienischer Lebensführung, Bewahrung des kulturellen Erbes, militärischer Sicherheit usw. gefordert werden!" (Luhmann 1991, S. 148 f.).

Wie viel Konsens sich auch darüber herausgebildet hat, dass wir die Freiheit nicht verlieren möchten, so haben wir, sowohl aufseiten der Freunde und Beschützer der Freiheit wie aufseiten der Kritiker der Freiheitsideologie, doch größte Mühe, uns über Voraussetzungen und Folgen von Freiheit zu verständigen. Wo endet Unabhängigkeit und wo beginnt Abhängigkeit? Wie viel Selbstbestimmung und wie viel Fremdbestimmung durchziehen unser Alltagsleben? Wie weit reicht Eigenverantwortlichkeit und was fällt unter, wie man heute sagt, Responsibility, gesellschaftliche Verantwortung? „Der Freiheit muss eine Gasse geschlagen werden – die breit genug ist, damit Menschen sich ausleben können, die aber so befestigt ist, dass niemand ‚über die Stränge schlägt'. Daran haben viele Generationen besorgter Vordenker gearbeitet, teils mit-, teils gegeneinander […]" (Fach 2003, S. 8). Über Bedingungen der Möglichkeit und Konsequenzen der Wirklichkeit von Freiheit Verständigungen zu erzielen, misslingt mit Regelmäßigkeit. Aus gutem Grund, es gehört zur Freiheit, sich unterschiedliche Vorstellungen von ihr zu machen.

Aber, damit sind wir am Brennpunkt, auch aus schlechtem Grund. Die Moderne scheitert an einer Verständigung über ihre Leitidee Freiheit auch deshalb, weil sie sich als Arbeitsgesellschaft eingerichtet hat. Unsere Alltagsvorstellungen tun sich schwer damit, unter einer sinnvollen Tätigkeit etwas anderes als Arbeit zu verstehen: Der Mensch ist ein arbeitendes Wesen, ein animal laborans – oder ein untätiges, parasitäres Subjekt. So wollen es Menschenbild und Moral der Arbeitsgesellschaft. Leisten, kaufen, konsumieren, sich erholen, um wieder etwas leisten zu können, macht den Grundrhythmus eines modernen Lebens aus. In derselben Gesellschaft, die Freiheit als ihren Leitwert hochhält, haben Freiwilligkeit und Selbstbestimmung auffällig wenig Raum.

Arbeit – der Anfang der Wirtschaft

2

Macht Arbeit das Leben süß oder verdirbt sie den ganzen Tag? Kommt es darauf an, sich in der Arbeit zu verwirklichen oder sich von ihr zu befreien? Schafft Arbeit „die Grundlage aller menschlichen Zivilisation" (Jeremy Riffkin) oder ist sie „die Ursache nahezu allen Elends in der Welt" (Bob Black)? Nach der Liebes-Tätigkeit ist die Arbeits-Tätigkeit – zeugen und erzeugen – die fruchtbarste Variante menschlichen Tuns. Nach der Gewalt-Tätigkeit ist die Arbeits-Tätigkeit – „Arbeit macht zunichte, um zuwege zu bringen" (Clausen 1988, S. 265) – die gefährlichste Variante menschlichen Tuns. „Arbeiten ist gefährlich. Man setzt neue Produkte in die Welt, die zunächst einmal niemand braucht. Man lässt sich auf Formen des Umgangs miteinander ein, die gegen alle guten Sitten verstoßen. Und man verwendet Zeit für sie, die andernorts verloren geht" (Baecker 2007, S. 56).

Die Digitalisierung bringt Arbeit wieder auf vordere Plätze der Agenda des öffentlichen Gesprächs. Zweckoptimismus, viele Befürchtungen, allerlei Fantasien vermengen sich zu einem Zukunftsszenario, das von Gefühlen der Unentrinnbarkeit stärker bestimmt wird als von Ambitionen gesellschaftlicher Gestaltung. Die öffentliche Meinung ist sich sicher, dass es mit der Arbeitsgesellschaft im Wesentlichen so weiter geht, für Aufregungen sorgen nur die Teufel sich verändernder Details der Produktions- und Kommunikationsprozesse. Unter dem Label „Industrie 4.0" beziehungsweise „Arbeit 4.0" wird die Digitalisierung als eine Art moderner Dampfmaschine dargestellt. Von den Webstühlen und Lokomotiven des 18. Jahrhunderts (1.0) über das Fließband des Fordismus (2.0) und die elektronische Automatisierung (3.0) wird eine Linie gezogen hin zur Digitalisierung. Industrielle Revolution in der vierten Auflage sozusagen. Dieses lineare Denken erlaubt es, einerseits von Epochenwandel und Zeitenwende zu reden, aber andererseits keine neuen Fragen zuzulassen. Gestellt und diskutiert werden die alten Problemlagen: Mehr Arbeitsplätze oder weniger, Aufwertung

© Springer Fachmedien Wiesbaden 2017
H. Arlt, *Arbeit und Freiheit,* essentials,
DOI 10.1007/978-3-658-15286-4_2

der Arbeitstätigkeit oder Dequalifizierung („lousy or lovely jobs"), mehr Selbstbestimmung oder noch mehr Kontrolle, bessere Verhandlungspositionen der Beschäftigten oder weitergehende Prekarisierung. Die Potenziale des Computers als Medium der Kommunikation und als Technik des Arbeitens werden im Kontext der Strukturen der Arbeitsgesellschaft gedacht und behandelt. Der Digitalisierung sollen die Fesseln der Arbeitsgesellschaft angelegt werden.

In der landläufigen Unterscheidung zwischen Arbeit und Leben schwingt – arbeitest du noch oder lebst du schon? – eine kritische Distanz mit, die es nicht für möglich hält, dass Arbeiten Teil des guten Lebens sein kann. Anhänger der Arbeitsgesellschaft widersprechen dieser Wertung, sie sehen das Arbeiten nicht nur im Reich der Notwendigkeit angesiedelt, sie wollen es auch als Königsweg der Selbstverwirklichung, als Lebenssinn stiftende Tätigkeit gewürdigt wissen.

Die sozialwissenschaftliche Öffentlichkeit diskutiert im Zusammenhang mit der Digitalisierung auch weitergehende Überlegungen. Flutet eine neue Welle des Kapitalismus gewohnte Grenzen zwischen Arbeit und Leben und erobert in einer Art „Landnahme" (Dörre 2009) bislang wirtschaftsferne Gefilde? Oder überwindet die Digitalisierung alte Knappheitsprobleme, löst die Fixierung auf Eigentum zugunsten der Möglichkeiten des Zugangs (Rifkin 2014 und 2000) und befreit so von Arbeitsnotwendigkeiten? Hannah Arendt hat schon Mitte der 50er Jahre des 20. Jahrhunderts die Diagnose gestellt, der Arbeitsgesellschaft komme die Vorstellung abhanden, dass sinnvolles Tun jenseits des Arbeitens erstrebenswert, ja überhaupt möglich sei (Arendt 2007 [1958]). Die Angewohnheit, fast jegliche Tätigkeit Arbeit zu nennen, und eine tatsächliche Inflation des Arbeitens, die kaum Raum für andere Tätigkeiten lässt, gehen in der Arbeitsgesellschaft Hand in Hand.

Einer Tätigkeit ist zwar oft, aber nicht immer anzusehen, ob sie als Arbeitsleistung verrichtet wird. Wie wird ein Essen zum Arbeitsessen, wodurch werden Singen und Tanzen, Lesen und Sprechen, Fahren und Laufen zur Arbeitstätigkeit? Arbeitszeiten, Arbeitsinstrumente, Arbeitskleidung helfen der Wahrnehmung, Arbeitstätigkeiten zu identifizieren. Offenkundig ist es nicht die Handlung an sich, die sie als Arbeitsleistung ausweist, sondern der Sinnzusammenhang, in dem sie geschieht. Ein und demselben Tun kann die Bedeutung Arbeit gegeben werden – oder nicht. „Die Welt flüstert uns ihren Sinn nicht zu. Und die Objekte verraten uns nicht ihre Bedeutung. Die Verhältnisse sind stumm. Wir müssen uns mithilfe unserer Unterscheidungen, unserer Bezeichnungen und Beschreibungen ein Verständnis von der Welt, den Dingen und den Verhältnissen erarbeiten" (Bardmann 2015, S. 10). Handeln von anderem Handeln als Arbeitstätigkeit zu unterscheiden, es so zu bezeichnen und so zu beschreiben, setzt voraus, dass der Arbeit gesellschaftlich ein besonderer Sinn gegeben wird, dass es ‚einen Unterschied macht', in irgendeiner Weise informativ ist.

2.1   Arbeit stellt die Leistungs- und die Verteilungsfrage

Die hier vorgelegten Analysen wenden sich von einem reinen Handlungsverständnis ab und fassen Arbeit als eine soziale Beziehung auf, in der sich drei Komponenten koppeln: Der Bedarf, die Leistung und der Gebrauch. Bedarf verlangt nach einer Leistung, die zu einem Erzeugnis, einem Produkt oder einem Dienst, führt. Das Erzeugnis kommt im Arbeitsprozess doppelt vor: als Resultat der Leistung und als (häufig über Märkte vermitteltes) Objekt des Gebrauchs. Erwartbar ist ein Spannungsverhältnis zwischen den Maßstäben, welche der Leistungsprozess anlegt, und den Kriterien, welche der Gebrauch von den Erzeugnissen erfüllt wissen will. Der Gebrauch des Erzeugnisses befriedigt den Bedarf – bis neuer Bedarf entsteht, der eine neuerliche Leistung erfordert. Arbeit als zirkulären Selektionsprozess in Form eines Dreiecksverhältnisses zu verstehen, zu beobachten und zu beschreiben, bildet ein Fundament des weiteren Argumentationsganges (vgl. auch Arlt und Zech 2015).

Das Arbeitsverständnis, das mit der Einheit der drei Selektionen Bedarf, Leistung und Gebrauch operiert, beansprucht alle Formen der Arbeit zu erfassen, sei es Lohnarbeit, Selbstständigkeit oder Sklavenarbeit, sei es Produktion oder Dienstleistung, sei es landwirtschaftliche, handwerkliche oder industrielle Arbeit, sei es Wissensarbeit. Unter Bedingungen der Arbeitsteilung – und einfache Formen der Arbeitsteilung treten in jeder Familie auf, kennen schon archaische Stämme – deckt die persönliche Arbeitsleistung den eigenen Bedarf nicht. Die Einzelnen sind davon abhängig, auf Erzeugnisse von Leistungen zugreifen zu können, die von anderen erbracht wurden. Deshalb unterscheidet sich die Arbeitsleistung von anderen Tätigkeiten markant dadurch, dass sie eine Gegenleistung zumindest im Blick haben muss, dass sie auf irgendeine, historisch höchst variable Art der Reziprozität, der „Bezahlung" aus ist. Arbeit findet – wie Kommunikation – als sozialer Prozess statt, weil die Einen nicht ohne die Anderen und die Anderen nicht ohne die Einen bewerkstelligen können, dass sie gelingt. Das Arbeiten ist wie das Kommunizieren kein individueller Akt, wie sehr individualistische Deutungsmuster diesen Eindruck auch zu vermitteln versuchen und wie augenscheinlich der operative Vollzug der Arbeitstätigkeiten eine solche Deutung auch zu bestätigen scheint.

Arbeit, begriffen als dreifache Selektion von Bedarf, Leistung und Gebrauch, wird als Anfang der Wirtschaft erkennbar und damit als Wirtschaftsprozess identifizierbar. Sie stellt die Leistungs- und die Verteilungsfrage. Gesellschaften geben im historischen Prozess sehr verschiedene Antworten darauf: Wer welche Leistungen erbringt und wie, unter welcher Regie. Nach welchen Regeln die Produkte und Dienste verteilt werden, ob sie von einer herrschenden Instanz zugeteilt oder auf Märkten angeboten werden. In welche sozialen Formen sich der gesellschaftliche Zusammenhang der Arbeit auch ausdifferenziert, er funktioniert nur als – inzwischen globales – Beziehungsgefüge. Die Verwunderung über die weltumspannende Gesellschaftlichkeit, in die das moderne Individuum integriert ist, hat sich heute weitgehend in Selbstverständlichkeit aufgelöst, im 19. Jahrhundert war sie noch groß.

Globales Beziehungsgefüge im 19. Jahrhundert

Der Berliner Ingenieur Leberecht Hühnchen, Icherzähler in Heinrich Seidels gleichnamigem Roman, bezieht mit seiner zweiten Frau Frieda die erste gemeinsame Wohnung und staunt: „Orient und Occident wurden in Thätigkeit gesetzt, nur damit wir uns ein Nest bauen konnten. In China spannen die Seidenwürmer, in Schlesien schnurrten die Webstühle, in Solingen hämmerten die Schmiede und an verschiedenen Orten glühten die Porzellan- und Glasöfen für uns. Hölzer aus den fernsten Weltteilen schleppte man herbei, unsere Möbel zu schmücken, der Elefant lieferte seine Zähne, der Wal sein Fischbein, das Pferd sein Haar, das Schaf seine Wolle, Palmen ihren Bast, die Tiere aller Zonen ihre Häute, Hörner und Knochen, nur weil wir heiraten wollten. Die Bergwerke Nevadas gaben ihr Silber her, Australien sein Gold, Britannien sein Zinn, Schweden sein Kupfer und Westfalen sein Eisen. Alles für uns. Wahrlich, wenn man sich eine Vorstellung machen will von dem subtilen Räderwerk der modernen Kultur und von dem weit verzweigten Spinnennetze, das Handel und Verkehr über die ganze Welt gesponnen haben, da braucht man sich nur auszumalen, welch einen verzwickten Mechanismus ein einziges anspruchsloses Paar in Thätigkeit setzt, nur um sich ein bescheidenes Nest zu gründen" (Seidel 1907, S. 169).

Das Erklärungspotenzial der Arbeit als Dreiecksverhältnis liegt nicht nur darin, dass von Handlung auf Beziehung umgestellt wird. Es tritt vor allem der Auswahlcharakters jeder der drei Komponenten hervor. Der im konkreten Fall geltend gemachte Bedarf, die jeweilige Leistung, der darauf folgende Gebrauch könnten immer auch anders gewählt werden, wären zumindest auch anders vorstellbar. Nur ein solcher für andere Möglichkeiten offene Blick lässt die sich selbst verstärkenden Effekte einmal getroffener Entscheidungen hervortreten, macht Pfadentwicklungen und strukturelle Verfestigungen sichtbar. Die Kontingenz jeder der drei Komponenten – ihre gerade real existierenden Ausprägungen sind weder notwendig noch unmöglich – erinnert an die jederzeitigen Veränderungschancen.

Sie verweist aber auch auf die Grenzen der Beliebigkeit von Veränderungen, denn die drei Komponenten können sich nicht restlos gegeneinander verselbstständigen, ihre wechselseitigen Anschlussfähigkeiten müssen gewahrt bleiben. Das trifft nicht auf die personelle Handlungsperspektive zu – der einzelne Konsument *muss* keinen Gedanken auf den Leistungsprozess verwenden, weder als Kunde im Warenhaus noch als Verbraucher von Autos, Unterhaltssendungen oder Urlaubsreisen. Für Akteure können sich die drei Komponenten vollständig entkoppeln. Weshalb Analysen, die sich alleine auf Akteursperspektiven verlassen, dazu tendieren, die Komplexität der Arbeitsverhältnisse zu unterschätzen.

2.2 Hochform der Entfremdung

Arbeitstätigkeiten haben mit dem Bedarf und dem Gebrauch zwei unterschiedliche Bezugspunkte. Beide Bezüge sind *systematisch* unabdingbar. Wo kein Bedarf herrscht, braucht nichts geleistet zu werden, wo kein Gebrauch davon gemacht wird, strengt sich jemand vergeblich an. Wer durch eigenen Bedarf veranlasst wird, Arbeitstätigkeiten zu verrichten, geht keiner freien Tätigkeit nach. Historisch ist es vielfach sogar Herrschaft, die zu Arbeitsleistungen zwingt, deren Gebrauch andere ohne eigene Leistung genießen können.

Mit dem Gebrauch ist zugleich eine Konditionierung der Arbeitstätigkeit festgeschrieben, welche auch diejenigen bindet, die über ihre eigene Arbeitsleistung scheinbar frei verfügen können. Die Forderung nach „selbstbestimmter Arbeit" erweist sich als Widerspruch in sich, weil die Abhängigkeit von der Gebrauchsentscheidung Anderer für Arbeit konstitutiv ist. Damit ist nicht für jeden Einzelfall ausgeschlossen, dass es sich um eine selbstbestimmte Tätigkeit handelt, aber das ist dann nicht mehr als ein glücklicher persönlicher Umstand. Auch „gute Arbeit" kann im Normalfall keine freie, selbstbestimmte Tätigkeit sein – weil sie Arbeit ist.

Der Bedarf als Ausgangspunkt der Arbeit verweist auf deren existenzielle Bedeutung, denn ohne zu arbeiten, lässt sich menschliches Überleben nicht dauerhaft sicherstellen, können sich weder menschliche Gemeinschaften noch Gesellschaften etablieren. Dem Bedarf liegt ein natürliches Habenmüssen zugrunde, das den Menschen als ein bedürftiges Wesen ausweist. Solange Arbeitsleistungen nur Reaktionen auf diese Bedürftigkeit sind, entsteht kein Risiko, dass ihre Erzeugnisse und Dienste nicht gebraucht würden. Menschen sind jederzeit bedürftig, aber nicht immer arbeitsfähig. Sie lösen dieses Problem über viele Jahrhunderte hinweg durch Familienbildung. Für Familienangehörige wird mit gearbeitet und wer mit arbeitet und sei es als Sklave, so will es eine lange Tradition, gehört irgendwie auch zur Familie. Auf die Idee, dass die Bedarfsbefriedigung der einzelnen Personen von deren individueller Arbeitsleistung abhängig zu machen sei, ist dabei niemand gekommen.

Das Motiv der Arbeitstätigkeit, das Warum der Arbeitsleistung liegt in einem Habenmüssen oder einem Habenwollen. Es ist nicht die Tätigkeit selbst, die dazu motiviert, sie auszuüben, sie ist nur Mittel. Darüber hinaus muss das Ziel der Leistung, der Gebrauch, die Arbeitenden nicht persönlich betreffen; etwa wenn Arbeiter Luxusgüter herstellen, selbst aber in Slums wohnen und unter Mangelernährung leiden. Die „Werktätigen" arbeiten für *ihren* Bedarf, aber die praktische Tätigkeit, die sie dafür verrichten, zielt in der Regel auf einen Gebrauch durch andere: Die Autoreparaturen, die der Kfz-Mechatroniker ausführt, beruhen auf dem Bedarf von Kunden, die sich dafür entschieden haben, den Dienst dieser Werkstatt zu gebrauchen. Automechatroniker müssen sich einbilden, sofern sie nicht unzufrieden mit sich und der Welt sein wollen, dass es einem mitteleuropäischen Menschenleben einen guten Sinn gibt, zwischen dem etwa 18. und vielleicht 67. Lebensjahr von den 168 h einer Kalenderwoche, Urlaubswochen ausgenommen, rund ein Viertel mit dem Reparieren der Autos anderer Leute zu verbringen. Zum dritten kann die Arbeitsleistung selbst in sich so stark ausdifferenziert sein, dass der Zusammenhang zwischen einer Einzeltätigkeit und dem Erzeugnis nur noch für den Regisseur des Leistungsprozesses ersichtlich ist.

Slogans wie „Keine Arbeit ist so schlimm wie keine" und „Sozial ist, was Arbeit schafft" sind keine demagogischen Erfindungen, sie bringen den primären Sinn der Arbeitsleistung für Individuen auf den Punkt. Es kommt nicht auf die konkrete Arbeitstätigkeit an, sondern auf das Faktum der Arbeitsleistung, die mit einer Gegenleistung rechnen darf. Der persönliche Bedarf verursacht die Arbeitsleistung an sich, die konkret ausgeübte Tätigkeit hat in der Regel nichts mit ihm zu tun, Produkte und Dienste werden in der Hoffnung angeboten, das Andere von ihnen Gebrauch machen.

Um der Tendenz der Arbeitsgesellschaft entgegen zu wirken, als nennenswerte Unterscheidung nur noch die zwischen Arbeitstätigkeit und Faulheit bzw. positiv: Erholung anzuerkennen, gilt es, an weitere Tätigkeitsweisen wie Engagement, Muße und Spiel zu erinnern. Engagement nenne ich Tätigkeiten, die für den Gebrauch durch andere geleistet werden, ohne von einem eigenen Bedarf oder durch einen anderen äußeren Zwang dazu veranlasst zu werden. Die Entscheidung für eine solche Tätigkeit fällt nicht um dieser Tätigkeit willen, sondern wegen der Gebrauchsmöglichkeiten des Produkts bzw. Dienstes durch andere. Ein solches Tun ist trotz seiner Nützlichkeit für andere aus dem wirtschaftlichen

Zusammenhang herausgetreten. Üblicherweise ist von „Freiwilligenarbeit" und „Ehrenamtlichkeit" die Rede. Hier von Arbeit zu sprechen, schafft eine Verwirrung, die der Arbeitsgesellschaft nicht unwillkommen ist. Die Unterscheidung zwischen Arbeit und Engagement macht es nicht erforderlich, den Arbeitsbegriff auf Erwerbsarbeit zu reduzieren. Unbezahlte Hausarbeitstätigkeit zum Beispiel fällt nicht unter Engagement, weil zum Gebrauch durch andere auch der eigene Bedarf tritt und von Entscheidungsfreiheit keine Rede sein kann.

Bleiben Tätigkeiten, die weder durch Bedarf hervorgerufen noch für den Gebrauch bestimmt sind. Für Handeln, das um seiner selbst willen geschieht, sind die Muße und das Spiel repräsentativ. Die Qualität der Muße spiegelt sich „in der paradoxen Formulierung einer passiven Aktivität bzw. einer aktiven Passivität" (Arlt und Zech 2015, S. 18). Muße lässt sich begreifen als ein Loslassen, das ein Empfangen ermöglicht, das zu einer Begeisterung, gegebenenfalls auch Bildung führt, die loszulassen erlaubt, also gerade nicht Schul- oder Ausbildung meint (genauer dazu ebda, S. 14–18). In der Semantik des Spiels treten sechs Eigenschaften hervor: „Selbstzweck, autonome Sinnstiftung, Wahlmöglichkeiten auf der Basis von Regeln, Offenheit des Ausgangs, der Blick für die anderen, Freiwilligkeit der Teilnahme" (Arlt F. 2015, S. 17). Das Spiel lässt sich verstehen als ein Loslassen, das zu einem Teilnehmen führt, welches ein Erleben ermöglicht, das zur Wiederholung des Loslassens einlädt. Deshalb ist es so schwer, mit dem Spielen aufzuhören – es sei denn, das Spiel wird instrumentalisiert, etwa als Vorführung für ein zahlendes Publikum.

Allerdings, nur aus Muße und Spiel entsteht keine funktionsfähige Gesellschaft. Die ideale Tätigkeit alleine macht keine Gesellschaft möglich – im doppelten Sinn, den die Grammatik dieses Satzes hergibt. Eine funktionierende Gesellschaft braucht auch Arbeit, also unfreie Tätigkeiten. Die entscheidende Frage ist, in welchem Verhältnis ideale und unfreie Tätigkeiten zueinander stehen. Die Arbeitsgesellschaft legt ihr ganzes Gewicht in die Waagschale der unfreien Tätigkeiten und gaukelt uns vor, es liege ans uns selbst, an jeder und jedem Einzelnen, ihnen Freiheitsmomente abzugewinnen.

Die Sehnsucht nach Tätigkeiten, die zumindest eine Identifikation mit dem Ziel oder besser noch mit der Tätigkeit selbst ermöglichen, hat die Arbeitsgesellschaft nie verlassen. Der Traum lebt, dass die Arbeitstätigkeit auf Engagement beruht, dass sie musische oder spielerische Elemente beinhaltet, dass der Beruf vielleicht sogar Berufung ist. Andererseits wird diese Sehnsucht instrumentalisiert, indem versucht wird, Arbeitsleistungen mit Sinn auszustatten, der den Eigensinn der Arbeit weit übersteigt, um so Akzeptanz für Arbeitsleistungen jenseits ihrer wirtschaftlichen Funktion zu beschaffen.

Erstes Zwischenfazit

Das Motiv des Handelns, die Handlung selbst und das Ziel der Handlung erweisen sich im Fall der Arbeit als drei verschiedene Dinge. Weshalb, wie und wofür die Arbeitstätigkeit ausgeübt wird, unter jedem dieser drei Aspekte kann der Arbeitskraft die Möglichkeit entzogen werden, selbst zu entscheiden. Trifft alles drei gleichzeitig zu, das Motiv liegt nicht in der Handlung selbst, die Handlungsbedingungen werden von anderen gesetzt, das Ziel der Handlung betrifft den Akteur nicht, dann haben wir es mit der Hochform der Entfremdung zu tun.

Dieser dreifache Entzug von Selbstbestimmung sensibilisiert dafür, dass Arbeit nicht alles sein kann. Arbeiten ist nicht die einzige Weise, wie sich Menschen als tätige Wesen entfalten können. Denn es gibt sowohl Tätigkeiten, die um ihres Zielen willen ausgeführt werden: Im Engagement fallen Motiv und Ziel zusammen. Es gibt sogar Tätigkeiten, die wie die Muße und das Spiel um ihrer selbst willen ausgeübt werden, das heißt Motiv, Handlung und Ziel sind eins.

2.3   Illusionsfabrik „Gute Arbeit"

Die Leistung steht im Zentrum des Arbeitsgeschehens. Die sachliche Bandbreite, die soziale Form und der technische Standard der Arbeitsleistungen sind in ihren Variationen kaum zu überblicken. Für den Leistungsprozess der Arbeit macht es den größten Unterschied, ob er in das Alltagsleben integriert ist und dadurch ganz selbstverständlich Rücksichten nehmen muss auf die physischen, psychischen und sozialen Bedürfnisse der Menschen. Solange sie eine Tätigkeit unter vielen anderen bleibt, wird die Arbeitstätigkeit in den Lebensrhythmus so eingepasst, dass einerseits ihren Erfordernissen Rechnung getragen wird, andererseits aber „das Leben" nicht zu kurz kommt. Häufig treten jedoch Formen der sozialen Ausgrenzung der Arbeitstätigkeit auf, historisch zunächst besonders nachdrücklich in hierarchisch geschichteten Gesellschaften. Hier werden die Arbeitsleistungen solchen Personen zugewiesen, die entweder auf der untersten sozialen Stufe stehen oder nicht einmal als Angehörige der Gesellschaft anerkannt sind.

Zu den Kennzeichen der modernen Gesellschaft gehört, dass sie den Leistungsprozess der Arbeit *funktional* ausgrenzt. Das drückt sich aus in Gegensatzpaaren wie Arbeitszeit und Freizeit, Beruf und Familie oder in einer Formulierung wie „work-life-balance". Die Form, in der die Ausdifferenzierung geschieht, ist die Organisation. Von ihr erhalten Arbeitskräfte

Leistungsangebote – die lange Zeit normale Bezeichnung „Arbeitsplätze" erweist sich inzwischen als zu eng –, um in unterschiedlichen Formen der Kooperation Produkte zu fertigen und Dienste zu verrichten. „Innerhalb der Organisationen und mit ihrer Hilfe lässt die Gesellschaft die Grundsätze der Freiheit und der Gleichheit scheitern", schreibt Niklas Luhmann (1994, S. 192) und er sagt nicht innerhalb von Profit-Organisationen. Es wäre auch jenseits aller Realitäten, wollte man die Leistungsprozesse in Öffentlichen Verwaltungen, Verbänden, Stiftungen, Wohlfahrtsorganisationen so beschreiben, als seien hier freie und gleiche Individuen am Werk. Die Fokussierung des kritischen Blicks auf Profit-Organisationen, lenkt davon ab, wie wenig Arbeit und Freiheit einander vertragen. „‚ch arbeite frei', stellt sie sich vor. ‚Unmöglich', sage ich, ‚entweder man arbeitet oder man ist frei'" (Arlt 2015, S. 29). Das Illusionäre der Vorstellung linker politischer Freunde der Arbeit, Arbeitsgesellschaft und Emanzipation zu versöhnen, zeigt sich an den Organisationen besonders klar.

Die funktionale Ausdifferenzierung der Arbeitstätigkeit ändert nichts daran, dass es mit dem ganzen Menschen zu tun bekommt, wer Arbeitskräfte einsetzt. Die Frage, wie weit Körper, Psyche und soziale Kontakte, also Kommunikation, sich den Arbeitstätigkeiten anzupassen haben, stellt sich laufend; sie wird unter dem Titel „Humanisierung der Arbeit" auch umgekehrt gestellt. Mit welchen Leistungserwartungen die Arbeitskraft sich konfrontiert sieht und welche Ansprüche die Arbeitenden an die Arbeitsbedingungen geltend machen können, die Auseinandersetzungen darüber werden primär in den Organisationen, aber auch auf gesellschaftlicher Ebene politisch ausgetragen.

Der Einsatz der Technik spielt für den Leistungsprozess eine besondere Rolle. Solange nur Handwerkszeug zum Einsatz kommt, ist die unterstützende, entlastende, Effektivität fördernde Funktion der Technik eindeutig. Das heute viel diskutierte Problem stellt sich noch nicht, ob der Mensch die Technik oder die Technik den Menschen beherrscht. Technische Abläufe unterscheiden sich von biologischem, psychischem und sozialem Geschehen in vielen Hinsichten, ein Aspekt scheint für Arbeitstätigkeiten der überragende zu sein: die „feste Kopplung kausaler Elemente" (Luhmann 2000, S. 364), das heißt, die berechen- und bestimmbare Abfolge eines Leistungsprozesses, in dem ein bekanntes und definiertes Ereignis die Ursache für das nächste bekannte und definierte Ereignis wird und so weiter und so weiter bis zum fertigen Erzeugnis. Einmal eingerichtet, lässt die Technik, solange sie funktioniert, einen dissensfreien, ungestörten Leistungsprozess ablaufen. Zudem können Grenzen menschlicher Leistungsfähigkeit, etwa Kraft und Geschwindigkeit betreffend, sowie Einschränkungen menschlichen Leistungswillens, etwa Unlust, Müdigkeit, Widerspenstigkeit, mit Technik, mit Maschinen, Automaten, Robotern, überwunden werden.

Wie jede Handlung unterliegt auch die Arbeitstätigkeit zeitlichen, räumlichen, sachlichen und sozialen Konditionierungen. Anhand welcher Kriterien werden von wem Festlegungen getroffen? Eine durchgängig fremd bestimmte Tätigkeit zeichnet sich dadurch aus, dass die Handelnden vorgegeben bekommen, von wann bis wann, wo, auf welche Weise und mit wem sie tätig zu werden haben. Die Ordnung, in der Arbeitstätigkeiten verrichtet werden, ist zuallererst ein Verbots-Regime, das regelt, was man alles *nicht* machen darf während der Arbeitszeit. Gefängnis, Militär und Fabrik tauchen hier als Assoziationen auf. „Jederzeit die Regeln vorzugeben, nach denen die Menschen ihre Zeit aufteilen müssen, und die Räume, in denen sie sich zu bewegen haben", nennt Oskar Negt (2001, S. 143) ein Merkmal von Herrschaft. Abhängige Beschäftigung weist solche Merkmale ohne Zweifel auf. Sie werden üblicherweise dem Arbeitgeber angelastet. Unberücksichtigt bleibt in diesem Zusammenhang oft, dass auf selbstständige Arbeitsleistungen die Erwartungen und Ansprüche der Gebrauchsseite, der Kunden, nicht selten direkter und härter durchschlagen als auf die abhängige Beschäftigung.

Solcher Fremdbestimmung wird die Forderung nach guter Arbeit entgegengestellt. Der DGB-Index Gute Arbeit beispielsweise nennt elf Kriterien zur Ermittlung der Arbeitsqualität von Einfluss- und Gestaltungsmöglichkeiten über soziale und emotionale Anforderungen bis zu Beschäftigungssicherheit und berufliche Zukunftssicherheit (Institut DGB-Index Gute Arbeit 2016). Dabei werden auch solche Fragen gestellt: „Müssen Sie Ihre Gefühle bei der Arbeit verbergen? Kommt es zu Konflikten oder Streitigkeiten mit KundInnen, PatientInnen, KlientInnen?" (ebda.).

Ein derartiger Forderungskatalog tappt in die Falle der Arbeitsgesellschaft, möglichst jede sinnvolle Tätigkeit als Arbeitstätigkeit zu klassifizieren und entsprechend für Arbeitstätigkeiten auch allgemeine Kriterien guter Tätigkeiten einzufordern. Es werden Wohlfühlpakete geschnürt, die zwei interessante Konsequenzen haben. Zum einen führen solche Wunschzettel dazu, dass sich unerfüllte Punkte zuhauf finden, sobald sie mit Realitäten der Arbeitswelt konfrontiert werden. Es bieten sich laufende Anlässe für Mängelrügen und Vorwürfe, für Jammern und Wehklagen. Zum anderen suggerieren solche Wunschzettel, hier würden angemessene, grundsätzlich erfüllbare Erwartungen an Arbeit vorgetragen, aus der Arbeitsgesellschaft könne eine gute Gesellschaft werden; das heißt, es werden Illusionen verbreitet. Die Forderung nach Befreiung *in* der Arbeit gerät zum Gegenprogramm der Forderung nach Befreiung *von* der Arbeit – obwohl doch klar ist: Je größer die Notwendigkeit, eine Arbeitsleistung zu erbringen, desto mehr wächst die Bereitschaft, noch die schlechtesten Arbeitsbedingungen zu akzeptieren.

Zangengeburt der Arbeitsgesellschaft

3

Eine Fahrt mit dem Ziel Hamburg endet in der Hansestadt. Man kann sich anschließend ein neues Ziel setzen und woanders hin fahren. Dort angekommen, endet auch diese Fahrt. Arbeit hat ein immanentes Ziel, die Befriedigung des Bedarfs. Bis neuer Bedarf entsteht, kann die Arbeit ruhen. „Tages Arbeit, abends Gäste! Saure Wochen, frohe Feste!" dichtet Goethe 1797. Da sich der Grundbedarf eines Menschen nicht zu einem bestimmten Zeitpunkt ein für alle Mal befriedigen lässt, mindestens Hunger und Durst regelmäßig wieder kehren, ist ein Ende der Arbeit nicht abzusehen. Aber deswegen braucht keine Gesellschaft zur Arbeitsgesellschaft zu werden. Mit wachsender Produktivität sinkt der Zeitaufwand für die Arbeitsleistungen, die notwendig sind, um Güter in der erforderlichen Menge und Qualität zu erzeugen. „Ein Bauer mit Stahlpflug und Pferd konnte Anfang des neunzehnten Jahrhunderts gerade einmal eine Handvoll Menschen ernähren, heute sind es dank Mechanisierung und immer intelligenterer Landmaschinen Hunderte" (Kurz und Rieger 2013, S. 113).

Nun erfreut sich das Argument allgemeiner Anerkennung, dass der menschliche Bedarf grenzenlos sei, dass erfüllte Wünsche immer neue Wünsche nach sich zögen. Dem Habenwollen fehle prinzipiell Maß und Ziel, Habgier liege in der Natur des Menschen. Verhaltensweisen als allgemein-menschliche Eigenschaften darzustellen, zählt zu den schnell verfügbaren Erklärungsmustern, auf die gerne zurückgegriffen wird, wenn weitere Fragen unerwünscht sind. Solche Zuschreibungen – Uwe Schimank nennt sie „Selbstbedienungs-Anthropologie" (Schimank 2011, S. 26) – entlasten von der Aufklärung über gesellschaftliche Rahmenbedingungen, die derartige Verhaltensweisen ermöglichen, befördern oder sogar erfordern. Soziologen, das ist sozusagen ihr Job, versuchen, solche Berufungen auf eine menschliche Wesens- oder eine persönliche Eigenart zu vermeiden, sie formulieren beispielsweise so: „Die Moderne hat Konsumenten hervorgebracht, die ihr Wollen als etwas begreifen, das nach oben hin offen ist" (Schulze 2003, S. 51). Wenn es so sein sollte, wie hat die Moderne das gemacht?

© Springer Fachmedien Wiesbaden 2017   15
H. Arlt, *Arbeit und Freiheit,* essentials,
DOI 10.1007/978-3-658-15286-4_3

3.1   Maßlosigkeit als modernes Normalmaß von Freiheit

Forscht man in der Arbeitswelt nach einer Quelle der Maßlosigkeit, nach einem Mittel, das in jeder noch größeren Quantität Sinn macht, entdeckt man das Geld. Eleganter als Johann Nepomuk Nestroy hat das niemand ausgedrückt: „Die Phönizier haben das Geld erfunden – aber warum so wenig?" Gebrauchswerte haben Schranken, Brot, Brautkleider und Computer sind nur in bestimmten Hinsichten nützlich. Der Tauschwert Geld ist ein Platzhalter für jede Möglichkeit, die einen bezahlbaren Preis hat. Wenn ich zahle, gebe ich alle Möglichkeiten aus der Hand außer der einen, die ich für den Geldbetrag eintausche, zum Beispiel ein Smartphone. Dass sie mit Geld operiert, einem Medium, das den Horizont der Möglichkeiten ständig offen hält, trägt zur Attraktivität der Wirtschaft entscheidend bei. Macht hingegen, das Medium der Politik, ist einfältiger. Seine Macht durchzusetzen, bedeutet, den Anderen Möglichkeiten zu rauben, ihnen keine Wahl zu lassen. Wer befiehlt, besteht auf der einen Möglichkeit, für die er/sie sich entschieden hat; wer bezahlt, reicht die Möglichkeiten, die eine bestimmte Geldmenge eröffnet, an Andere weiter.

Gesellschaftstheoretisch gesehen haben wir es bei der Maßlosigkeit des wirtschaftlichen Erfolgsmediums Geld nicht mit einen Sonderfall zu tun. Das „Steigerungsspiel" (Schulze 2003, S. 81 ff.) und der damit verbundene „Matthäus-Effekt" (wer viel hat, bekommt mehr: Geld, Wissen, Aufmerksamkeit) sind auch in anderen sozialen Funktionssystemen, etwa der Wissenschaft oder der Öffentlichkeit zu beobachten. Es ist die Autonomie der Funktionssysteme (vgl. Luhmann 1997, S. 743 ff.), die sich so auswirkt. Sie erlaubt und verlangt, dem Eigensinn zu folgen, zum Beispiel Rechtsfragen nach rechtlichen Kriterien, politische Probleme als Machtfrage zu behandeln und eben Wirtschaftsangelegenheiten als Geldfrage – solange die gesellschaftlichen, psychischen, biologischen Umwelten mitmachen. Sein Geld zu vermehren stellt sich nicht nur als wirtschaftlich vernünftig dar, sondern auch gesamtgesellschaftlich als Normalverhalten. Bei aller Kritik an konkreten Fällen exorbitanten Reichtums Einzelner fällt es modernen Menschen schwer sich vorzustellen, dass Geldvermehrung irrational sein könnte. Das biblische Bild, dass ein Reicher leichter durch ein Nadelöhr als in den Himmel komme, stammt aus einer anderen, aus der vormodernen Welt.

Die drei Grundfunktionen des Geldes: Bewerten als Maßstab für den Tausch, Bezahlen als verwertbare Ware und Speichern als nützliches Eigentum (vgl. Schwarz 2012, S. 39–69) befähigen es, sich sowohl in Kredit als auch in Kapital zu verwandeln. Damit sprengt das Geld die Vernunft der Arbeit, die

Bedarfsbefriedigung. Die innere Logik des Kredits ist die positive Zukunfts-erwartung, der Fortschritt. Die Vernunft des Kapitals ist die maßlose Geldver-mehrung. Zu Ende gedacht ist der Kapitalismus „jenes Wirtschaftssystem, das Eigentümer auffordert, sich als Schuldner in eigener Sache zu betrachten. Sollte jemand auf die Idee kommen, Güter oder Dienstleistungen zu produzieren, die man mit Aussicht auf Gewinn abzusetzen erwartet, muss das dazu aufgewendete Vermögen als ein Kredit betrachtet werden, den man bei sich selbst aufnimmt und an sich selbst auch wieder zurückzuzahlen hat" (Baecker 2010, S. 31).

Erst der Kredit stößt das Tor zur Wirtschaftsfreiheit wirklich auf. Solange Geld nur für gegenwärtig vorhandene, tauschbare Güter zu bekommen ist, blei-ben seine Möglichkeiten an die Vergangenheit gebunden; allein für das bereits Geleistete kann mit Bezahlung gerechnet werden. Der Kredit bedeutet die *erste* Befreiung des Geldes. Mit dem Kredit treten an die Stelle gegenwärtig existie-render Möglichkeiten erst noch zu schaffende, in der Zukunft zu realisierende Möglichkeiten. Ihn zu geben wie auch ihn zu nehmen, setzt die Hoffnung auf eine Zukunft voraus, in der er zurückgezahlt werden kann. Als ein Geldverspre-chen für die Zukunft macht der Kredit fortschrittsgläubig, und der Glaube an den Fortschritt macht kreditwürdig. Finanztechnisch handelt es sich bei einem Kredit um einen sogenannten Leerverkauf. „Der Kreditnehmer, der Schuldner, verkauft Geld, das er nicht hat, und verspricht, dieses Geld zum vereinbarten Termin in der Zukunft (Kreditlaufzeit) zu liefern" (Eichhorn und Sollte 2009, S. 47).

Das Kapital ergreift die Möglichkeit des Steigerungsspiels, die im Geld steckt. Kapital will mehr bekommen, als es gibt. Kapital, das ist sein (Un-)Wesen, will *mehr,* muss profitieren. Aus X muss Xplus werden – koste es, was es wolle. Es ist keine Übertreibung zu sagen, dass Kapital sich die Arbeit unterwirft, denn ob Bedarf anerkannt, Leistung erbracht, Gebrauch ermöglicht wird, jede der drei Komponenten der Arbeit hängt jetzt von der positiven Gewinnerwartung ab. Im Kapitalismus verliert die Arbeit die Regie über die Wirtschaft, die Wirt-schaft übernimmt die Regie über die Arbeit, was bedeutet, „dass die Wirtschaft nicht einer immanenten Logik des Bedarfs, sondern der Bedarf einer immanenten Logik der Wirtschaft folgt" (Luhmann 1991, S. 208).

Eine fatale Pointe des real nicht mehr existierenden Sozialismus lag darin, dass er zwar Privatkapital verboten, aber die dem Kapital eigene Logik des Immer-Mehr aus Gründen der Systemkonkurrenz ungebremst übernommen und als „Weiterentwicklung der Produktivkräfte" zum dominierenden Ziel seiner Wirtschaft gemacht hat. Unter Lobpreisung der Arbeit fand deren Subsumtion unter staatlich verordnete ökonomische Wachstumsziele statt, peinlich gekrönt von deren wiederkehrendem Verfehlen.

Das Entscheidungskriterium, ob Gewinn wahrscheinlich ist, bestimmt sich aus dem Verhältnis zwischen den Einnahmen aus dem Gebrauch und den Ausgaben für die Arbeitsleistung. Deshalb gilt es, die Kosten möglichst niedrig und die Verkaufserlöse möglichst hoch halten. Ausbeutung ist nur eine beschränkte Methode der Kostensenkung, der attraktivere Weg ist die Produktivitätserhöhung. Sie ist ein Markenzeichen der kapitalistischen Ökonomie. Zu den Pointen kapitalistischen Wirtschaftens gehört, dass es zu vorher nie da gewesenen Möglichkeiten der Bedarfsbefriedigung führt, obwohl darin überhaupt nicht sein Antrieb liegt. Dieser Nebeneffekt eines historisch sensationellen Waren- und Dienstleistungsangebots ist natürlich ein glänzendes Argument für die Überlegenheit kapitalistischen Wirtschaftens – solange negative Nebenfolgen wie Umweltzerstörung, gesundheitsschädlicher Leistungsdruck, prekäre Lebensbedingungen, Arbeitslosigkeit, Konsumsucht im Hintergrund gehalten werden können. Mit Verelendung hat Kapitalismus einerseits kein Problem, andererseits ist er allzeit bereit, jeden zahlungswilligen Luxus zu produzieren.

Der fortbestehende individuelle Bedarf sowie der laufend aufgerufene Konsumwunsch, am Mehr und am Neuen teil zu haben, lösen das Problem, dass Leute auf die Idee kommen könnten, keine oder zumindest nicht so viele Arbeitstätigkeiten verrichten zu wollen. Unabwendbarer Bedarf, der sich nicht vermarkten lässt – ein Beispiel ist (oder treffender: war) die familiäre Versorgung –, wird mit unbezahlten Arbeitsleistungen gedeckt. Wenn das Familieneinkommen die Finanzierung von externem Service nicht zulässt, haben bis heute vorwiegend Frauen die Hausarbeit zu übernehmen, denen auf diese Weise eine eigenständige soziale Existenz verwehrt oder die Doppelbelastung von Erwerbs- und Hausarbeit zugemutet und jegliche Karriere erschwert wird.

3.2   Kapitalismus heißt Arbeit ohne Ende

Dem Mehr der Vermehrung des Geldes, das als Kapital verwendet wird, widerstrebt jede Grenzziehung. Als direkte Konsequenz daraus verliert das Arbeiten die Begrenzung, die in der Bedarfsbefriedigung liegt, und kennt kein Ende mehr. Kapitalismus heißt Arbeit ohne Ende. Eine kapitalistisch dominierte Wirtschaft drängt zu einer Arbeitsgesellschaft. Offen bleibt dabei, ob die Arbeitsleistungen von der Technik, Maschinen, Automaten, Robotern, oder von menschlicher Arbeitskraft verrichtet werden. Die besorgten Stimmen, die davor warnen, dass unserer Gesellschaft die Arbeit ausgehe, verwechseln zwei ganz verschiedene Fragen: Braucht der Arbeitsprozess für seine Leistungskomponente die menschliche Arbeitskraft nicht mehr, weil die Technik die Leistungen übernimmt? Braucht die Gesellschaft keine Arbeit mehr, weil aller Bedarf dauerhaft befriedigt ist?

Um die vertrackte Situation der heutigen Moderne zu verstehen – in der Arbeitsgesellschaft wird mehr gearbeitet als nötig und zugleich schlechter gelebt als möglich –, lohnt es sich, die Antworten zu rekonstruieren, welche die Arbeitsgesellschaft auf diese beiden Fragen gibt. In der Tat haben sich die Möglichkeiten, steigende Arbeitsleistungen mit weniger, tendenziell keinen menschlichen Arbeitskräften zu erzielen, enorm vergrößert und mit der Digitalisierung noch einmal sehr erweitert. Diese Entwicklung muss die Arbeitsgesellschaft zutiefst beunruhigen, weil sie die individuellen Gebrauchsmöglichkeiten weitestgehend an persönliche Arbeitsleistungen koppelt. Arbeitsplätze gehen verloren, viele Arbeitskräfte müssen Arbeitsbedingungen zustimmen, die so schlecht und so billig sind, dass sie Kosten der Technik unterbieten. Technischer Fortschritt kann in der Arbeitsgesellschaft auch dann, wenn er nicht als riskant für die Umwelt eingestuft wird, nur mit einem lachenden und einem weinenden Auge wahrgenommen werden.

Natürlich geht Gesellschaften die Arbeit nicht aus, das Schlaraffenland bleibt auf unserem Planeten eine Utopie. Aber aufgrund der historisch erreichten Leistungskapazitäten können sehr viele Produkte im Überfluss erzeugt werden. „Die gegenwärtige Wirtschaftsordnung begünstigt oder fordert gar künstliche Knappheit, wo eigentlich Überfluss vorhanden ist. Ohnehin ist schon heute Knappheit weitgehend Fiktion, wenn nicht schlichter Unfug. Mittlerweile werden auch die meisten materiellen Dinge in ausreichender Menge hergestellt und dann künstlich verknappt" (Heidenreich und Heidenreich 2015, S. 125). Das heißt, dass mehr Arbeitsleistungen erzwungen werden, als unter auch anspruchsvollen Bedarfsaspekten notwendig wären.

Zweites Zwischenfazit

Die moderne Arbeitsgesellschaft macht Sinn: Entscheidungsfreiheiten, Fortschrittshoffnung, Kreditfinanzierung, Steigerungsambition, Produktivitätsentwicklung durch laufende Rationalisierung und Arbeit ohne Ende verdichten sich zu einem Bedeutungsgewebe, das Überzeugungskraft ausstrahlt. Das Weltbild, das dabei herauskommt, ist auf Zukunft gepolt, sei es als Zukunftsglaube oder als Zukunftsangst. Die dunklen Seiten der Maßlosigkeit und der Ausbeutung, des Verbotsregimes, der Ungleichheit und der Armut laufen in der herrschenden Meinung als Schatten mit, der zu jedem Licht gehört.

3.3   Karriere als individualisierte Arbeitsabhängigkeit

Eindeutiger als jedes westliche Land waren die sogenannten Ostblockländer, die im Namen des Sozialismus Hammer und Sichel ausflaggten, Arbeitsgesellschaften. Kapitalistische und sozialistische Ökonomie fußen auf einem gemeinsamen Fundament, das es rechtfertigt, von zwei Varianten ein und derselben Gesellschaftsformation zu sprechen, für welche sich die Bezeichnung Moderne eingebürgert hat. Kapitalismuskritiker, Anhänger des Sozialismus widersprechen dieser „Vereinnahmung" vehement, sie bestehen darauf, dass Sozialismus das ganz Andere sei. Sie können zu dieser Auffassung kommen, weil sie die Kopplung einer eigenständigen sozialen Existenz an eine individuell zuschreibbare Arbeitsleistung für einen selbstverständlichen, quasi natürlichen Zustand halten. Ihre Fragen und Probleme setzen erst jenseits dieses Zustandes ein, das heißt, sie feiern zusammen mit der kapitalistischen Ökonomie den Fortschritt der Arbeit gegenüber feudalistischen Verhältnissen und stellen sich gemeinsam mit ihr auf eine wesentliche Grundlage der Moderne.

Aus der Perspektive der Einzelpersonen besteht der grundstürzende Wandel zwischen Feudalismus und Moderne in der Individualisierung, die in der freien Verfügung über die eigene Arbeitskraft ihren Kern hat. Zum Verhältnis von Herr und Knecht gehört die Indienstnahme der gesamten Person des Knechtes. Alle der Person möglichen Arbeitsleistungen stehen dem Herrn zur Verfügung, eine Grenze zwischen Arbeitskraft und Person existiert nicht. Das Lohnarbeitsverhältnis hingegen basiert auf der Trennung von Arbeitskraft und Individuum. Es bedarf der wechselseitigen Vereinbarung, wie, unter welchen Bedingungen und für welche Arbeitsleistungen die Arbeitskraft von dem Vertragspartner genutzt werden kann. Einerseits sind Zumutungen als Notwendigkeiten darstellbar, welche die Achtung der Person unberührt lassen mit der Begründung, die Person sei nicht gemeint, es gehe nur um die Arbeitskraft. Andererseits können sich die Individuen unter Berufung auf ihre Persönlichkeitsrechte, auf ihre Würde als Person gegen Zumutungen an ihre Arbeitskraft wehren – sofern und solange die Personen die Sicherung ihrer Subsistenz nicht verlieren und Gefährdungen ihrer Karrieremöglichkeiten in Kauf nehmen.

In der Vormoderne sind die Lebenswege der Einzelnen durch ihren Geburtsort definiert. Zeitlich, räumlich und sozial verstanden, bestimmt der Geburtsort, wie es weiter gehen kann und wie es wahrscheinlich zu Ende gehen wird. Was sie zu tun und zu lassen haben, an welche Religion sie zu glauben, was sie zu arbeiten, wen sie zu heiraten, wo sie zu wohnen, wie sie sich in welchen Situationen zu verhalten haben, alles erleben sie als Vorgaben, die es zu *beachten* gilt.

Erst wenn ein Unterschied zwischen der gesellschaftlichen Position und dem Individuum gemacht wird, sehen sich die Einzelnen vor die Herausforderung gestellt, selbst etwas aus sich zu machen, einen Platz in der Gesellschaft zu suchen und zu finden. In eine Familie hineingeboren zu werden, bedeutet nach der bürgerlichen Revolution etwas prinzipiell anderes als vorher. Für moderne Individuen wird Gesellschaft zu einer Ansammlung äußerer Umstände. Sie sehen sich eingeladen und aufgefordert, diese Umstände zu *beobachten,* mit den Umständen im eigenen Interesse so umzugehen, dass ein selbstbestimmter Lebensweg gegangen werden kann. Es wird zu ihrer persönlichen Angelegenheit, nicht in ‚schlechte Gesellschaft' zu geraten, sondern mit willkommenen Anderen zusammen zu sein; sich an angenehmen Orten aufzuhalten, nicht in asozialen Vierteln oder zwielichtigen Gegenden; schöne Erlebnisse zu haben, schreckliche Erfahrungen hingegen zu meiden; ein gelungenes Leben zu führen, nicht zu scheitern, sich nicht ins Unglück zu stürzen.

3.4 Heranwachsen, Krankheit und Alter als soziale Problemlagen

Die große Freiheit, sein eigenes Leben zu gestalten, beginnt mit der Notwendigkeit, die persönlichen sozialen Existenzbedingungen zu sichern. Das erfordert, über die eigene Arbeitskraft so zu verfügen, dass die mit ihr erbrachte Arbeitsleistung die Befriedigung des Grundbedarfs erlaubt. Auffallen muss, dass es auch in den reichen Gesellschaften Europas und der USA alles andere als eine Selbstverständlichkeit ist, dieser Anforderung nachkommen zu können und das dafür benötigte Einkommen regelmäßig zu erwirtschaften. Jede individuelle Biografie durchläuft Phasen, die eine entsprechende Arbeitsleistung noch nicht, zurzeit nicht oder nicht mehr zulassen. Obwohl sie naturgemäß zum Leben gehören, werden Heranwachsen, Krankheit und Alter in der Arbeitsgesellschaft typischerweise zu sozialen Problemlagen. Die Arbeitskraft muss zudem nicht nur biologische, sondern auch soziale Voraussetzungen erfüllen, etwa ein bestimmtes Qualifikationsniveau, um zu den erwarteten Leistungen befähigt zu sein.

Die Zahl der Individuen, die zumindest zeitweise ihre soziale Existenz nicht durch eigenes Einkommen sichern können, erweist sich als zu groß, als dass sich die Moderne dieser sozialen Frage nicht stellen müsste. Man kann solchen Personen Vorwürfe machen, sie vielleicht sogar der Faulheit beschuldigen, einfach verhungern lassen kann man sie nach Anerkennung der Menschen- und Grundrechte nicht. Die Sozialstaatlichkeit in ihren vielfältigen nationalen Ausprägungen hat hier ihren strukturellen Ort. Dabei will die Arbeitsgesellschaft Freiheit jedoch als Einsicht in die Notwendigkeit verstanden wissen: „Was man ‚Wiedereingliederung in den Arbeitsmarkt' nennt, ist in der Regel eine juristisch sanktionierte Erpressung, Lebenszeit zu gegebenen Bedingungen zu Verfügung zu stellen, so unattraktiv sie auch sein mögen" (Heidenreich und Heidenreich 2011, S. 31).

Die Arbeitsleistung hat mit der Subsistenzsicherung ihre Schuldigkeit noch nicht getan. Der durch Geburt definierte soziale Status legt im Feudalismus den Arbeitsplatz fest. In der Moderne bestimmt umgekehrt der Arbeitsplatz (Einkommen, Rang in Organisationen) weitgehend den sozialen Status. Die Biografie wird als Karriere aufgefasst, die eine abhängige Variable der Arbeitstätigkeit ist, vom schlechteren zum besseren Arbeitsplatz verläuft oder auch umgekehrt. Solange alle glauben, dass sie eine Chance haben, besser zu leben, wenn sie mehr leisten, entspringt daraus eine historisch unvergleichliche Leistungsmotivation.

Sowohl für die Subsistenzsicherung als auch für die Karriere ist das freie und unabhängige moderne Individuum somit gut beraten, seine Entscheidungen, was es tut und was es lässt, daran zu orientieren, dass sie in Aktivitäten münden, die als Arbeitsleistungen anerkannt werden und dazu befähigen, einen lukrativen und reputierlichen Arbeitsplatz zu übernehmen. Hier hat die Nachdrücklichkeit ihren Grund, mit der junge Leute, inzwischen schon Kinder, angehalten werden, ihr Leben auf künftige Arbeitstätigkeiten, Kauf- und Konsummöglichkeiten auszurichten.

Die bezahlte individuelle Arbeitsleistung als wichtigster Modus der sozialen Integration der Bevölkerung und das Kapital als gesellschaftlicher Champion, der stets mehr bekommen will, als er gibt, bilden im Zusammenspiel eine Erfolgs- und Konkurrenzkultur heraus. Seinen Vorteil zu suchen, andere zu übervorteilen, wird zu einer gesellschaftlich anerkannten Verhaltensweise.

Zwei große Erzählungen legitimieren dieses Verhalten. Die eine klingt nach einer Geistergeschichte, ihr Plot besagt, dass zum Allgemeinwohl beiträgt, wer auf seinen persönlichen Nutzen aus ist, weil eine „unsichtbare Hand" die individuelle Vorteilssuche in das allgemeine Beste münden lässt. „Dass das private Gewinnstreben zu kollektivem Wohlstand führt, ist einer der revolutionärsten Gedanken der Menschheitsgeschichte" (Hatari 2015, S. 381). Die andere große Erzählung moralisiert, sie verknüpft Leistung und Erfolg so, dass Einkommen und Karriere als Folgen besserer oder eben schlechterer Einzelleistungen erscheinen und Gewinner als die besseren Menschen dastehen.

Drittes Zwischenfazit

Die Arbeitsgesellschaft entsteht aus einer Zangenbewegung von kapitalistischer Arbeitsexpansion und individueller Arbeitsabhängigkeit. Kapitalistische und individualistische Arbeitsform stützen sich gegenseitig. Auf der einen

Seite befindet sich die kapitalistische Wirtschaft ununterbrochen auf der Suche nach Arbeitsleistungen, die dazu dienen können, investiertes Geld zu vermehren. Auf der anderen Seite suchen die Individuen Arbeitstätigkeiten, die ihnen das nötige Einkommen sichern und möglichst darüber hinaus die gewünschte Karriere eröffnen. Diese zweifache Suchbewegung reproduziert die Arbeitsgesellschaft und fördert dabei ein Erfolgs- und Konkurrenzkultur.

Befreiung aus dem Zangengriff 4

Es herrscht keine Naturgewalt, die dazu nötigt, Geld als Kapital einzusetzen, es gibt keinen Sachzwang, der erfordert, die soziale Existenz der Einzelnen von persönlichen Arbeitsleistungen abhängig zu machen. Die Entscheidung für die Lebensweise, zu der die Arbeitsgesellschaft auffordert, so zu arbeiten und so zu wirtschaften, fällt jeden Tag neu; nicht als ein rationaler, Alternativen abwägender Findungsprozess, sondern als ein Routinehandeln, das sich gewohnheitsmäßig in den etablierten Strukturen bewegt.

Strukturen kann man sich als stabile Erwartungen vorstellen, als Erwartungen der Anderen und Erwartungen an sich selbst, die zu enttäuschen Probleme oder sogar Sanktionen nach sich zieht. Die Stabilität der Strukturen hat unterschiedliche Qualitäten. Es kann sich um Erwartungen handeln, die nicht infrage gestellt werden *dürfen,* wie bei Gesetzen und anderen rechtlichen Vorschriften; die nicht infrage gestellt werden *sollen,* wie bei Normen und moralischen Schranken; die nicht infrage gestellt werden *wollen,* wie Sitten und Gewohnheiten. Enttäuschungen werden mehr oder weniger wichtig genommen. Enttäuschte Akteure, denen es an Sanktionsmacht fehlt, die andere nicht strafen oder belohnen können, werden wirkungsvolle Strukturen kaum aufbauen können – etwa abhängig Beschäftigte, die nicht auf andere Arbeitsplätze ausweichen können; oder Kunden, die mit dem Produkt nicht zufrieden sind, jedoch kein besseres zu bezahlen vermögen.

Soziale Beziehungen lassen sich daraufhin beobachten, inwieweit sie sich strukturell verfestigen und wie sich innerhalb dieser Struktur die wechselseitigen Erwartungen konkretisieren: Wie groß sind die Einflussmöglichkeiten einer Seite auf die andere und umgekehrt? Bilden sich Hierarchien, etabliert sich Macht? Macht anzuwenden, setzt Möglichkeiten voraus, mit negativen Folgen zu drohen, falls die Zustimmung verweigert wird. „Das Vermeiden von (möglichen und möglich bleibenden) Sanktionen ist für die Funktion von Macht unabdingbar" (Luhmann 2003, S. 23).

© Springer Fachmedien Wiesbaden 2017
H. Arlt, *Arbeit und Freiheit,* essentials,
DOI 10.1007/978-3-658-15286-4_4

Strukturen legen Entscheidungen und Verhaltensweisen nicht monokausal fest, aber sie offerieren bestimmte Alternativen und verbergen andere. Sie schränken den Spielraum ein und üben einen gewissen Selektionsdruck aus. Strukturen „halten ein begrenztes Repertoire von Wahlmöglichkeiten offen. Man kann sie aufheben oder ändern [...]" (Luhmann 1987, S. 73). Davon zu unterscheiden sind die laufenden Handlungsereignisse. Strukturen, die sich nicht mehr ereignen, Erwartungen, die in Handlungsprozessen nicht mehr erfüllt werden, verschwinden, sie werden aufgegeben.

Die laufende Reproduktion der Strukturen der Arbeitsgesellschaft ist ein Resultat des Handelns, Entscheidens, Kommunizierens ihrer Akteure, der Organisationen und der Personen – die auch anders handeln, entscheiden und kommunizieren könnten.

Solange Menschen bedürftig sind und ihren Bedarf nur über die eigene Arbeitsleistung befriedigen können, werden sie nach Arbeitstätigkeiten streben. Bedürftig sind und bleiben Menschen. Damit ist jedoch weder etwas ausgesagt, über Ausmaß und Verteilung der Arbeitsleistungen, noch über Kriterien für den Zugang zum Gebrauch der Produkte und Dienste. Welche und wie viele Produkte sie herstellt, welche und wie viele Dienste sie zur Verfügung stellt, wie sie die Zugangsmöglichkeiten zum Konsum regelt, darüber können Gesellschaften im Rahmen ihrer Arbeitskapazitäten entscheiden. Zumindest ist jede Gesellschaft, sofern sie sich nicht überirdischen Kräften ausgeliefert sieht, dazu aufgefordert, sich ein Bild davon zu machen, wie sie welche wirtschaftlichen Entscheidungen trifft; und sich zu überlegen, wie sie es anders machen könnte, sofern es gute Gründe dafür gibt, nicht so weiter zu machen.

4.1 Real existierende Alternativen

Die beiden Grundstrukturen, die in einer Art Zangengriff die Reproduktion der Arbeitsgesellschaft als alternativlos erscheinen lassen, die Abhängigkeit der sozialen Existenz von einer zurechenbaren eigenen Arbeitsleistung und die wirtschaftlich-kapitalistische Erwartung, mehr nehmen zu können als geben zu müssen, haben sich gesellschaftlich tief eingegraben. Trotz alledem: Ihre beiden fundamentalen ökonomischen Strukturmerkmale kann die moderne Gesellschaft nicht flächendeckend realisieren. Um ihrer eigenen Bestandserhaltung willen muss sie Ausnahmen nicht nur zulassen, sondern gezielt organisieren und einsetzen. Weder funktioniert die Wirtschaft der modernen Gesellschaft restlos kapitalistisch, weil sie sonst überhaupt nicht funktionieren würde. Noch lässt sich der Zugang zu Produkten und Diensten durchgängig an persönliche Arbeitsleistungen koppeln. Abweichende Alltagspraktiken, sogar andere Lebensstile ereignen sich in einem Ausmaß, von dem die herrschende Selbstwahrnehmung und der massenmediale Mainstream der Arbeitsgesellschaft wenig wissen wollen. Alternative Verhaltensweisen müssen nicht erst erfunden werden, sie werden gelebt.

Unter Anhängern wie Gegnern einer kapitalistischen Ökonomie herrscht die Gewohnheit, moderne Wirtschaft und Kapitalismus gleich zu setzen und dabei Ökonomisierung und Kapitalisierung als ein und dasselbe Phänomen zu behandeln. Das hat eine gewisse Berechtigung, weil die zeitgenössische Wirtschaft kapitalistisch dominiert wird, aber es suggeriert andererseits eine gänzlich unangebrachte Ausweglosigkeit, als ob ein Abschied vom Kapitalismus mit dem Ende der Wirtschaft zusammenfallen würde. Der simplifizierende Sprachgebrauch, der darüber hinaus die gesamte Gesellschaft als kapitalistisch etikettiert, bildet ein viel benutztes Versatzstück politischer Propaganda. Es wirkt allerdings gegen die Propagandisten, weil es den Eindruck einer kapitalistischen Übermächtigkeit fördert, der das Gefühl von Ohnmacht aufseiten der Kapitalismuskritik verstärkt.

Zwar sind alle Funktionssysteme, ob Recht oder Religion, Kunst oder Sport, Wissenschaft oder Medizin etc., inzwischen so weit ökonomisiert, dass viele ihrer Leistungen als organisierte bezahlte Arbeitstätigkeiten erbracht werden. Kapitalistisch operieren sie deswegen noch lange nicht. Weder sind Organisationen automatisch Wirtschaftsorganisationen, noch Wirtschaftsorganisationen notwendigerweise kapitalistisch. In diesem Zusammenhang stiftet die Bezeichnung Non-Profit-Organisation viel Verwirrung, weil sie nicht-kapitalistische Wirtschaftsorganisationen in denselben Topf wirft mit allen anderen. Der Umstand, dass sie auf ihre Zahlungsfähigkeit achten müssen, macht Parteien, Verbände, Vereine noch nicht zu Wirtschaftsorganisationen, also zu Organisationen, die ihre Zahlungsfähigkeit aus Verkaufserlösen ihrer Produkte oder Dienste generieren, nicht aus Steuern, Gebühren, Mitgliedsbeiträgen, Spendengeldern.

Innerhalb des Wirtschaftssystems empfiehlt sich Vorsicht bei der Beurteilung von – insbesondere kleinen unter mittleren – Unternehmen, ob und inwieweit sie tatsächlich mit ihren Entscheidungen einer kapitalistischen Strategie der Gewinnmaximierung und des Wachstums oder nur dem Ziel schierer Bestandserhaltung folgen. Kleine und mittlere Unternehmen (KMU: weniger als 500 Beschäftigte, weniger als 50 Mio. EUR Jahresumsatz) umfassen in der Bundesrepublik Deutschland rund 99 % aller umsatzsteuerpflichtigen Unternehmen. Sie erwirtschaften 35 % aller Umsätze, beschäftigen etwa 60 % aller sozialversicherungspflichtigen Beschäftigten und über 80 % der Auszubildenden (vgl. Institut für Mittelstandsforschung 2016). Das Spektrum der tatsächlichen Vielfalt der Verhältnisse und des unternehmerischen Verhaltens dürfte so ziemlich alle ökonomischen Varianten umfassen.

Empirische Untersuchungen, die nicht apriori von Wachstumsnotwendigkeiten ausgehen, sondern die offene Frage stellen, für wie wichtig KMU Wachstum einschätzen, sind selten. Eine Befragung des Berliner Instituts für Ökologische Wirtschaftsforschung liefert Indizien, dass es für KMU keineswegs selbstverständlich ist, die für kapitalistisches Wirtschaften charakteristischen Expansionsstrategien zu verfolgen. „Die Umfrageergebnisse bestätigen, dass Wachstum für KMU allenfalls begrenzt auf der strategischen Agenda steht: Von den 700 teilnehmenden Unternehmen aus Deutschland, Österreich und der Schweiz gibt fast die Hälfte an, nicht weiter bzw. nur bis zu einer bestimmten Unternehmensgröße wachsen zu wollen. Ein Viertel der KMU hat keine ausdrücklichen Wachstumsziele formuliert. Nur zwei Prozent der KMU setzen auf starkes Wachstum, während wiederum ein Viertel die Wachstumsrate begrenzt und eher auf Kontinuität setzt" (Gebauer und Sagebiel 2015, S. 53). Untersucht wurden dabei nicht Unternehmen, die mit einem alternativen Anspruch auftreten und sich von vorneherein an ökologischen und sozialen Zielsetzungen orientieren, sondern „normale" kleine und mittlere Unternehmen.

So wenig wie die moderne Gesellschaft die Kapitallogik verallgemeinern kann, so wenig kann sie die strikte Kopplung der Bedarfsbefriedigung an persönliche Arbeitsleistungen generalisieren. Die Apostel der Arbeitsgesellschaft drängen zwar darauf, indem sie auch das Einkommen in Zeiten der Krankheit, der Arbeitslosigkeit und des sogenannten Ruhestandes – welch ein Wort für lebendige Menschen – von der Höhe der individuellen Entgeltzahlungen (Lohn und Gehalt) abhängig machen. Aber ohne Elemente von Sozialleistungen, irgendeines Basiseinkommens von Hilfe zum Lebensunterhalt bis Grundsicherung im Alter, kommen selbst Nationen nicht aus, die keine ausgebauten sozialstaatlichen Strukturen haben.

In ihrer ideologischen Fixierung auf kapitalistische und individualistische Arbeitsweisen wertet die Arbeitsgesellschaft ihre immanenten Alternativen, ohne die sie überhaupt nicht existenzfähig wäre, typischerweise ab. Unternehmen, die sich hohen Gewinn- und Wachstumszielen nicht unterwerfen, disqualifiziert sie als „Underperformer", denen es an unternehmerischer Qualität und Leistungswillen fehle. Sozialleistungsempfänger diskriminiert sie, subtil oder auch brutal, als nicht vollwertige Gesellschaftsmitglieder, in der Hitze des politischen Gefechts auch als Schmarotzer. Obwohl sich Arbeit überhaupt nur als kollektiver Prozess ereignen kann, wird die kollektive Arbeitsleistung als Quelle individueller Bedarfsbefriedigung zur Notlösung herabgestuft.

4.2 Mehr Freiheiten führen zu mehr Abhängigkeiten

Gesellschaft bildet sich heraus und reproduziert sich als Kommunikations- und Arbeitszusammenhang. Dabei entstehen, von dörflichen Trampelpfaden über Wasser-, Strom- und Funknetze bis zum Internet der Computer, sehr verschiedenartige Verbindungsgefüge, stets geht es um Stationen und Relationen. Offensichtlich büßt eine Station jegliche Bedeutung ein, wenn sie ihre Kontakte verliert, so wie die Abteilung einer Organisation oder der Knoten eines Netzes überflüssig werden, sobald sie keine Verbindungen mehr haben. „Wir müssen lernen in Beziehungen zu denken. Das ,In between', das ,Dazwischen', zwischen den Objekten, zwischen den Sektoren und Disziplinen, das ,Inter' und das ,Trans' sind die spannendsten Orte bzw. Nicht-Orte […]" (Mutius 2009, S. 12). Das trifft nicht nur auf Objekte, sondern auch auf Subjekte zu.

Die unabdingbare Kollektivität der Arbeitsprozesse wird dank durchgesetzter Freiheitsrechte in der Moderne weitgehend in den Formen organisationaler und personaler Entscheidungen vollzogen. Deshalb kann der gesellschaftliche Charakter, das Netzwerk der Arbeit in einer bürgerlich-liberalen Perspektive auf die Hinterbühne verbannt werden. Auf der Vorderbühne sind nur die Freiheiten der Entscheider, nicht die vielfältigen Abhängigkeiten der Entscheidungen zu sehen. Das Gegenprogramm war der real nicht mehr existierende Sozialismus, der die Entscheidungen über die Arbeit den Organisationen und Personen zugunsten des Staates „planwirtschaftlich" entzog. Weshalb soll es nicht möglich sein, die Entscheidungen über die Arbeit bei den Organisationen und Personen zu belassen, aber dafür Sorge zu tragen, dass die Gesellschaftlichkeit der Arbeit gesehen, anerkannt und in den Entscheidungen berücksichtigt wird?

Unbezweifelbarer Ausgangspunkt aller Gesellschaftlichkeit sind die Beziehungen zwischen den Akteuren. Kein Subjekt ohne Intersubjektivität. In Beziehungen sind Abhängigkeit und Unabhängigkeit gewöhnlich ungleich verteilt, aber – immer beidseitig vorhanden, weil eine Relation keine mehr ist, sobald die andere Station nicht mehr existiert. Kein Herr kann ohne Knecht Herr sein. Die spannende Frage, welche in der gegenwärtigen sozialwissenschaftlichen Debatte zum Beispiel an der Alternative Hierarchie oder Netzwerk erörtert wird, gilt der Qualität der Beziehungen. Handelt es sich um ein Schienennetz, dessen Gleise fest verankert und dessen Stationen unverrückbar sind, sodass die Bewegungen zwar zeitlich variieren, aber nur auf vorher festgelegtem Strecken möglich sind? Oder haben die Stationen (Ankerpunkte, Knoten, Elemente) mehr Entscheidungs- und Gestaltungsspielräume? Die Pointe, die im modernen Freiheitsverständnis geflissentlich übersehen, sozusagen gar nicht erst ignoriert wird, liegt darin, dass jeder Zugewinn an Freiheiten die Abhängigkeiten erhöht.

Die beiden Befreiungsdimensionen der Moderne, zum einen die Individualisierung der Akteure, Personen wie Organisationen, zum anderen die Autonomie der Leistungsfelder (Funktionssysteme) haben diese Begleiterscheinung: die Abhängigkeiten sowohl zwischen den Akteuren wie zwischen den Funktionssystemen wachsen. Die *Akteure* werden unberechenbarer, weil sie sich so oder anders oder ganz anders entscheiden können; die Notwendigkeit, sich wechselseitig zu beobachten, andere Interessen zu berücksichtigen oder mit Hilfe von PR-Aktivitäten wenigstens so zu tun, steigt für alle, die miteinander in Verbindung stehen und zueinander in Beziehung treten wollen. Wachsender Anpassungsbedarf macht sich sofort bemerkbar, wenn es nicht mehr nur um die Konditionen bestehender Beziehungen geht, sondern freie Beziehungswahl möglich ist. Sobald Beziehungen zur Disposition gestellt, zugunsten anderer aufgelöst werden können, verschiebt sich das Gewicht von Unabhängigkeit zugunsten derjenigen, die bessere Beziehungsalternativen in Aussicht haben. Globalisierung, forciert durch Digitalisierung, ist ein klassischer Fall aus der jüngeren Geschichte der Arbeitsgesellschaft. Da Unternehmen jetzt leichter weltweite Beziehungen zu Arbeitskräften aufnehmen können, gerät das Verhältnis der nationalen Arbeitskräfte zu den Unternehmen unter Druck, die Verhandlungskonditionen verändern sich.

4.3   Die Gesellschaft ist keine GmbH

Die einzelnen *Leistungsfelder* sind auf das Funktionieren der jeweils anderen angewiesen. „Wenn Recht nicht mehr durchsetzbar wäre oder wenn Geld nicht mehr angenommen werden würde, wären auch andere Funktionssysteme vor kaum mehr lösbare Probleme gestellt" (Luhmann 1997, S. 769). Je wirtschaftlicher im Wirtschaftssystem operiert wird, je mehr sich jeder nur noch dafür interessiert, wie sich aus viel Geld mehr Geld machen lässt und sich niemand mehr um Gesundheits-, Ausbildungs-, Infrastrukturfragen etc. kümmert, desto abhängiger wird das Wirtschaftssystem davon, dass andere, das Gesundheits-, Bildungs-, Politiksystem etc., die Voraussetzungen für das Funktionieren der Wirtschaft garantieren. Entsprechend lauter werden die Klagen aus Wirtschaftskreisen über Defizite anderer Leistungsfelder, entsprechend forscher die Forderungen, andere Leistungsfelder zu ökonomisieren.

Noch einmal: Die Qualität der sozialen Beziehungen der modernen Gesellschaft steigert Unabhängigkeit und Abhängigkeit gleichzeitig. Integration, also ein irgendwie funktionierendes Zusammenspiel, ist auf wechselseitige Einschränkung der Freiheitsspielräume angewiesen. Die Alternative heißt nicht „Freiheit *oder*", sondern es geht um unterschiedliche Möglichkeiten, Grenzen zu ziehen; alles dreht sich um das laufende Austarieren des Verhältnisses von Bindung *und* Befreiung. Das heißt, wenn sich eine „freie Gesellschaft" einbildet, ihr Wohlergehen resultiere aus der möglichst unbegrenzten Entscheidungsfreiheit derjenigen Akteure, die als primäres Ziel verfolgen, aus viel Geld mehr Geld zu machen, dann schränkt sie die Entscheidungsspielräume anderer Akteure, die diesem Ziel im Wege stehen (könnten), entsprechend ein. Je mehr „Gesellschaften mit beschränkter Haftung" aktiv sind, desto mehr haftet die Gesellschaft, desto heftiger werden die Folgen und Nebenwirkungen auf andere ausgelagert.

Und wie geht die Moderne damit um, dass Unabhängigkeit *und* Abhängigkeit anwachsen? Sie lobt und preist die Freiheit, beklagt und beschimpft die Unselbstständigkeit. Erfolge werden als Ausdruck der Freiheit gefeiert. Es wird als Versagen bewertet, wenn Abhängigkeiten hervortreten. Die Zuschreibungen sind eindeutig: Unabhängigkeit und Sieg, Abhängigkeit und Niederlage bilden die Paarungen. Eine solche Wirklichkeitskonstruktion ist nur so lange plausibel, wie nicht anerkannt wird, dass Befreiungen hier Bindungen dort bedeuten. Alle, die zu Freien und Sich-Befreienden Beziehungen unterhalten, geraten in Abhängigkeiten von deren Entscheidungen. An der Genderfrage beispielsweise ließe sich dieses Wechselverhältnis im Detail nachzeichnen. Jeder Emanzipationsschritt, der die Entscheidungsfreiheit von Frauen erweitert, vergrößert die Anforderungen an männlichen Respekt. Wäre es anders, hätten Männer keinen Anlass, der Frauenemanzipation borniert-negativ gegenüberzustehen.

Mit der Einsicht in den inneren Zusammenhang zwischen Freiheiten und Abhängigkeiten lässt sich nun eine Antwort auf die Frage skizzieren, wie sich der Zangengriff lösen lässt, ob und wie die Freiheitsdimensionen des modernen Wirtschaftssystems auch ohne kapitalistische und individualistische Arbeitsformen zu gewährleisten sind, also wie die moderne Gesellschaft den Zustand einer Arbeitsgesellschaft überwinden kann: Zum einen bedarf die Freiheit von Kapitaleigentümern, ihre Entscheidungen am Kriterium der Geldvermehrung auszurichten, der engeren Grenzziehung, mithin stärkerer Bindungen. Zum anderen gilt es, die direkte Abhängigkeit der individuellen sozialen Existenz von persönlicher Arbeitsleistung zu entschärfen, mithin einen Akt der Befreiung zu organisieren.

4.4 Das bedingungslose Grundeinkommen stärkt individuelle Unabhängigkeit

Aus der Perspektive, die sich dafür interessiert, wie sich der Zangengriff nicht nur theoretisch, sondern auch in einem praktischen Durchsetzungsprozess lockern und öffnen lässt, spricht Vieles dafür, im ersten Schritt die eigenständige soziale Existenz aus dem direkten Zusammenhang mit der individuellen Arbeitsleistung zu befreien. Die Beschäftigung, die schon sprachlich als abhängige ausgewiesen ist, basiert auf einer Beziehung, die allen individuellen Freiheiten zum Trotz im Regelfall der Organisation als Arbeitgeber die größeren Realisierungschancen ihrer Erwartungen und Ansprüche eröffnet. Die Organisationen haben schon deshalb mehr Optionen, weil sie über die grundsätzliche Alternative Maschine oder menschliche Arbeitskraft verfügen. Gewiss leiden einzelne Arbeitgeber immer wieder auch unter Eigenwilligkeiten und Unkontrollierbarkeiten von Arbeitskräften. Dass sich Gewerkschaften bilden und über mehr als 150 Jahre halbwegs funktionstüchtig erhalten konnten, ist jedoch ein starkes Indiz für strukturelle Beziehungsnachteile zwischen Organisation und Individuum, für die Notwendigkeit, auf Organisation mit Organisation zu antworten. Eine kollektive Basisfinanzierung der individuellen Subsistenz, also ein bedingungsloses Grundeinkommen, würde – abgesehen von allen anderen Gründen: der Armutsresistenz, der sozialen Sicherheit, der Entgeltung bislang unbezahlter Arbeitsleistungen, der größeren Wahlfreiheit für abhängig Beschäftigte – die Einflussströme zwischen Organisation und Individuum zugunsten der Personen verschieben. Ein gutes Stück individueller Befreiung wäre die Folge.

Die Delphi-Studie des Millennium Project (2015) hat weltweit 300 renommierte Experten befragt und diese Antwort erhalten: „Neue Formen, Wohlstand zu generieren oder Grundbedürfnisse zu erfüllen, werden von den meisten Experten als jetzt dringend zu diskutierende und erforschende Alternativen gesehen. Das einzig konkrete Modell, das in diesem Zusammenhang wiederholt aufgeführt wird, ist das Grundeinkommen, und knapp 60 % der Befragten halten es sogar für langfristig „notwendig" oder „sehr wichtig"" (Daheim und Wintermann 2015, S. 23). Zwar existieren global gesehen nicht wenige Initiativen von Akteursgruppen, die ein garantiertes Grundeinkommen beispielhaft zu praktizieren versuchen, aber realisiert werden kann es nur als politisch-rechtliche Entscheidung.

Ein garantiertes Grundeinkommen ermöglicht den Individuen als Arbeitskräfte wie als Kaufkräfte (Kunden) mehr Achtsamkeit bei ihren Entscheidungen, weil der ökonomisch-finanzielle Gesichtspunkt an Gewicht verliert. Das alleine bietet keine Gewähr dafür, dass Konkurrenzkultur und Konsumrausch zurückgehen.

Aber es würde ein Gesellschaftsbild Platz greifen, das der gemeinsamen sozialen Basis aller personalen und organisationalen Freiheiten mehr Beachtung und mehr Achtung schenkt. Die individualistische Sichtweise, welche nur die Knoten, nicht das Netz sieht, wäre aufgebrochen. Die soziale und ökologische Aufmerksamkeit für Produkte und Dienste, sowohl was ihre Herstellungs- als auch was ihre Gebrauchsweise betrifft, könnte erheblich steigen.

Auf die andere Backe der Zange, die Unterordnung der Arbeit unter das kapitalistische Verwertungsziel, könn(t)en viele Einfluss nehmen. Eingebettet in ein Umfeld von Share- und Stakeholdern erleben Organisationen im Allgemeinen und Unternehmen im Besonderen ihre Abhängigkeiten – von institutionellen und privaten Anlegern, aber auch von Zulieferern, Arbeitskräften, Kunden, der öffentlichen Meinung. Aber solche Bindungen sind disponibel. Kapitalistische Unternehmungen können sie lösen, wenn sie ihr Gewinninteresse gefährdet sehen, und sich andere Verbindungen suchen. Rationalisierungen und Standortverlagerungen, vor allem die Drohungen damit, sind typische Beispiele. Wie schon im Fall des garantierten Grundeinkommens werden es letztlich politische Entscheidungen sein müssen, wenn der unternehmerischen Gewinnmaximierung engere Grenzen gezogen werden sollen. Arbeitsplätze abzuschaffen und Organisationen aufzulösen, gilt trotz der Proteste Betroffener als unvermeidlich, solange es mit ökonomischer Rationalität begründet wird. Hingegen wird es meist als unverantwortlicher Angriff zurückgewiesen, Arbeitsleistungen und Organisationen im Lichte ökologischer und sozialer Kriterien zu problematisieren. Politische Antworten auf die Frage, wie wir leben wollen, gelten als gefährlich, ökonomische als grundsätzlich vernünftig – was mit einem entsprechenden Perspektivwechsel sehr unvernünftig genannt werden könnte.

Nun ist es eine altertümliche, moderne Lebensverhältnisse gänzlich verfehlende Vorstellung, es könne im 21. Jahrhundert eine herrschende, kollektive Vernunft repräsentierende Instanz geben, die der Weltgesellschaft Befehle erteilt. Schon auf nationaler Ebene endeten einschlägige historische Versuche im Totalitarismus. Politische Beschlüsse, die gesellschaftliche Verantwortung von Unternehmen gesetzlich zu definieren und die Freiheit der Gewinnmaximierung entsprechend zu limitieren, können nur am Ende eines demokratischen Willensbildungsprozesses stehen, der sich über die Modalitäten in konfliktreichen, aber möglichst gewaltfreien Auseinandersetzungen verständigt hat. Prognosen, ob das gelingen kann, werden von Optimisten und Pessimisten sehr unterschiedlich ausfallen. In evolutionärer Perspektive spricht nichts für die Gewissheit, aber auch nichts für die Unmöglichkeit eines politisch-demokratischen Prozesses, der privater Bereicherung enge Grenzen zieht. Begleitet und gestützt von einer Demokratisierung der Organisationen selbst, von sehr viel mehr Informations-, Beteiligungs- und Mitentscheidungsrechten aller Organisationsmitglieder, gewinnt die Vorstellung Plausibilität, Blödmaschinen der Gewinnmaximierung in kooperative, an egalitären Lebensqualitäten interessierte, umweltsensible Organisationen transformieren zu können. In Organisationen fallen die maßgeblichen Entscheidungen über die Arbeit. Nur Demokratie kann Freiheiten in die Organisationen hineintragen; an erster Stelle die Freiheit, gesellschaftlich verantwortliche Entscheidungen zu treffen.

Befreiung ist kein Nullsummenspiel, aber auch keine schlichte Additionsaufgabe. Der Ausstieg aus der Arbeitsgesellschaft wird unter Freiheitsaspekten auch kleine und große Verlierer haben. Solche Personen, die sich ein Leben ohne Konkurrenz- und Konsumkultur nicht mehr vorstellen können, die Lebenskarrieren nur in Kategorien von Geld, Macht und Prominenz denken können, werden Attraktivitätsverluste ihrer Perspektiven zu beklagen haben. Der große Verlierer wird die kapitalistische Organisation sein, die ihren Zweck darin sieht und jedes Mittel daran ausrichtet, ihr eingesetztes Geld zu vermehren. Sie wird lernen müssen, dass Nachhaltigkeits-Rhetorik nicht reicht. Profit zu machen ist für sich genommen kein gesellschaftlich verantwortliches Handeln, sondern nur ein Bereicherungsprogramm für wenige; ein Prozent der Menschen besitzt inzwischen mehr als alle anderen zusammen. Die Arbeitsgesellschaft hinter sich zu lassen, bedeutet für alle anderen Personen und Organisationen, sich von historisch überholten, wirtschaftlich irrationalen und gesellschaftlich katastrophalen Bindungen zu emanzipieren und Heinz von Foersters (1993, S. 49) ethischem Imperativ zu folgen: „Handle stets so, dass die Anzahl der Wahlmöglichkeiten größer wird!"

Was Sie aus diesem *essential* mitnehmen können

- Der Begriff der Arbeitsgesellschaft umfasst Arbeitsleistungen, Kauf- und Konsumverhalten.
- Arbeit funktioniert als Netzwerk, jedes Gut ist seinem Ursprung nach Gemeingut.
- Demokratie betrifft das Recht der Freiheit, der Markt Recht und Vermögen der Freiheit.
- Es geht nicht um „Freiheit oder", sondern um das Verhältnis von Unabhängigkeit und Bindung.
- Alternativen zur Arbeitsgesellschaft müssen nicht erst erfunden werden, sie werden gelebt.
- Besser leben und weniger arbeiten kann als egalitäres, nicht nur als elitäres Programm funktionieren.

© Springer Fachmedien Wiesbaden 2017
H. Arlt, *Arbeit und Freiheit*, essentials,
DOI 10.1007/978-3-658-15286-4

Literatur

Adorno, T. W. (1976). *Prismen. Kulturkritik und Gesellschaft.* Frankfurt a. M.: Suhrkamp.

Arendt, H. (2007 [1958]). *Vita Activa oder Vom tätigen Leben.* München: Piper.

Arlt, F. (2015). *Der Spieler als kulturelle Leitfigur. Auf den Spuren der gesellschaftlichen Karriere des Spiels.* Saarbrücken: Akademiker Verlag.

Arlt, H.-J. (2015). Ich arbeite frei. *Ästhetik & Kommunikation, Graue Literatur, 45*(164/65), 29–33.

Arlt, H.-J. (2012). Erwerbsarbeit und soziale Existenz. Leitbilder von gestern und Werte für morgen. In W. Goetz, W. Eichhorn, & L. Friedrich (Hrsg.), *Das Grundeinkommen. Würdigung, Wertungen, Wege* (S. 138–149). Karlsruhe: KIT Scientific Publishing.

Arlt, H.-J., & Zech, R. (2015). *Arbeit und Muße. Ein Plädoyer für den Abschied vom Arbeitskult.* Wiesbaden: Springer.

Baecker, D. (2007). *Studien zur nächsten Gesellschaft.* Frankfurt a. M.: Suhrkamp.

Baecker, D. (2010). Die Firma ist eine Zumutung. In F. Schirrmacher & T. Strobl (Hrsg.), *Die Zukunft des Kapitalismus* (S. 31–35). Berlin: Suhrkamp.

Black, B. (1985). Die Abschaffung der Arbeit. http://www.streifzuege.org/2005/die-abschaffung-der-arbeit. Zugegriffen: 24. Juni 2016.

Caille, A. (2008). *Anthropologie der Gabe.* Frankfurt a. M.: Campus.

Clausen, L. (1988). *Produktive Arbeit, destruktive Arbeit: Soziologische Grundlagen.* Berlin: de Gruyter.

Daheim, C., & Wintermann, O. (2015). 2050: Die Zukunft der Arbeit. Ergebnisse einer internationalen Delphi-Studie des Millennium Project. https://www.bertelsmann-stiftung.de/de/publikationen/publikation/did/2050-die-zukunft-der-arbeit/. Zugegriffen: 24. Juni 2016.

Dörre, K. (2009). Die neue Landnahme. Dynamiken und Grenzen des Finanzmarktkapitalismus. In K. Dörre, S. Lessenich, & H. Rosa (Hrsg.), *Soziologie – Kapitalismus – Kritik. Eine Debatte* (S. 21–86). Frankfurt a. M.: Suhrkamp.

Eichhorn, W., & Sollte, D. (2009). *Das Kartenhaus Weltfinanzsystem.* Frankfurt a. M.: Fischer.

Fach, W. (2003). *Die Regierung der Freiheit.* Frankfurt a. M.: Suhrkamp.

Foerster, H. von (1993). *Wissen und Gewissen. Versuch einer Brücke.* Frankfurt a. M.: Suhrkamp.

© Springer Fachmedien Wiesbaden 2017
H. Arlt, *Arbeit und Freiheit,* essentials,
DOI 10.1007/978-3-658-15286-4

Gebauer, J., & Sagebiel, J. (2015). *Wie wichtig ist Wachstum für KMU? Ergebnisse einer Befragung von kleinen und mittleren Unternehmen.* Schriftenreihe des IÖW 208/15, Berlin: Institut für Ökologische Wirtschaftsforschung.

Habermas, J. (1990). *Strukturwandel der Öffentlichkeit.* Frankfurt a. M.: Suhrkamp.

Hatari, Y. N. (2015). *Eine kurze Geschichte der Menschheit.* München: Pantheon.

Heidenreich, R., & Heidenreich, S. (2011). *Mehr Geld.* Berlin: Merve.

Heidenreich, R., & Heidenreich, S. (2015). *Forderungen.* Berlin: Merve.

Institut DGB-Index Gute Arbeit. (2016). http://index-gute-arbeit.dgb.de/dgb-index-gute-arbeit/wie-funktioniert-der-index. Zugegriffen: 24. Juni 2016.

Institut für Mittelstandsforschung. (2016). http://www.ifm-bonn.org/statistiken/mittelstand-im-ueberblick/. Zugegriffen: 24. Juni 2016.

Kurz, C., & Rieger, F. (2013). *Arbeitsfrei. Eine Entdeckungsreise zu den Maschinen, die uns ersetzen.* München: Riemann.

Luhmann, N. (1991). *Soziologische Aufklärung. Aufsätze zur Theorie sozialer Systeme* (6. Aufl., Bd. 1). Opladen: Westdeutscher Verlag.

Luhmann, N. (1994). Die Gesellschaft und ihre Organisationen. In H. U. Derlien, U. Gerhardt, & F. W. Scharpf (Hrsg.), *Systemrationalität und Partialinteresse. Festschrift für Renate Mayntz* (S. 189–201). Baden-Baden: Nomos.

Luhmann, N. (2003 [1975]). *Macht.* Konstanz: UTB.

Mauss, M. (1968). *Die Gabe. Form und Funktion des Austauschs in archaischen Gesellschaften.* Frankfurt a. M.: Suhrkamp.

Millenium-Project. (2015). http://www.millennium-project.org/millennium/Future-Work-Technology_2050.pdf. Zugegriffen: 24. Juni 2016.

Negt, O. (1984). *Lebendige Arbeit, enteignete Zeit. Politische und kulturelle Dimensionen des Kampfes um die Arbeitszeit.* Frankfurt a. M.: Campus.

Negt, O. (2001). *Arbeit und menschliche Würde.* Göttingen: Steidl.

Rifkin, J. (1996). *Das Ende der Arbeit und ihre Zukunft.* Frankfurt a. M.: Campus.

Rifkin, J. (2000). *Access. Das Verschwinden des Eigentums.* Frankfurt a. M.: Campus.

Rifkin, J. (2014). *Die Null-Grenzkosten-Gesellschaft. Das Internet der Dinge, Kollaboratives Gemeingut und der Rückzug des Kapitalismus.* Frankfurt a. M.: Campus (ebook).

Schimank, U. (2011). So viel zu Akteuren! Ein Minimalkonzept zur Beantwortung einer Vorfrage soziologischer Erklärungen. In N. Lüdtke & H. Matsuzaki (Hrsg.), *Akteur – Individuum – Subjekt* (S. 23–43). Wiesbaden: Springer VS.

Schulze, G. (2003). *Die beste aller Welten. Wohin bewegt sich die Gesellschaft im 21. Jahrhundert.* München: Hanser.

Schwarz, G. (2012). *Die Religion des Geldes. Wege aus der Krise des Kapitalismus. Ein Zukunftsszenario.* Springer Gabler: Wiesbaden.

Seidel, H. (1907 [1882]). *Leberecht Hühnchen.* Gesamtausgabe (4. Aufl.). Stuttgart: Cotta.

Simmel, G. (1908). *Soziologie. Untersuchungen über die Formen der Vergesellschaftung.* Leipzig: Dunker & Humblot.

Smith, A. (2009 [1776]). *Wohlstand der Nationen. Untersuchung über das Wesen und die Ursachen des Volkswohlstandes.* Frankfurt a. M.: Zweitausendeins.

Ulrich, W. (2006). *Habenwollen. Wie funktioniert die Konsumkultur?* Frankfurt a. M.: Fischer.

Weber, M. (1988[1920/21]). *Gesammelte Aufsätze zur Religionssoziologie I.* Tübingen: UTB.

Lesen Sie hier weiter

Hans-Jürgen Arlt, Rainer Zech

Arbeit und Muße
Ein Plädoyer für den Abschied
vom Arbeitskult

2015, IX, 41 S., 4 Abb.
Softcover € 9,99
ISBN 978-3-658-08899-6